目录 contents

孩子遇到难题就退缩怎么办？

孩子偏科严重怎么办？

如何培养孩子的专注力？

孩子不会规划自己的时间怎么办？

考试前如何安排复习？

如何缓解考前焦虑？

孩子遇到难题就退缩怎么办?

小峰家长的来信

老师，您好！

我家小峰平时还挺听话的，学校布置的任务也都能够按时完成，但孩子有个问题，就是遇到难题卡住的时候，不愿意动脑思考，更倾向于全盘求助家长或老师。我能明显感觉到，孩子看到难题就没啥耐心，同时也有畏难情绪。目前小峰还在上小学，学校的考试并不是很难，所以分数上倒还说得过去，但孩子到了初中、高中时一定会遇到很多难题，如果那个时候还是缺乏解决这些难题的信心，没有迎难而上的勇气，就非常难办了。我们还担心，孩子的这种畏难情绪甚至会影响日后生活、工作的方方面面。特此求助老师，我们应该做些什么，来让孩子不再惧怕难题呢?

回信

小峰家长，您好！

畏难情绪其实是人的潜意识发出的一种信号，也就是说，潜意识在告诉他，面前要做的事是不会成功的，他还有某些能力方面的不足，致使他无法完成这件事。总之，就是对要做的事情缺少信心，缺少真正的兴趣，有顾虑，有担心。

作为家长，当然希望孩子能够勇敢一些，可是，孩子眼中的困难总是有它产生的原因。我们应该尝试理解他的心理，多站在他的角度去考虑一下，这样才能找到好方法来帮助孩子消除这种畏难情绪。

01 端正态度
给予鼓励，而非压力

孩子都是有好奇心的，他会想要尝试各种在他看来新奇的事情；孩子也都是胆小的，对于某些无法预知、无法掌控的情况，他也会产生不知道该怎么办的心理。这种心理不仅适用于难题，还适用于一切让孩子感觉到困难的事情。

当孩子遇到难题时，往往会注意力不集中，这是因为孩子此时正在进行一场“头脑风暴”：担心自己无法顺利解决难题，担心自己面临失败，担心会被家长斥责……种种想法会逐渐占据孩子的大脑，使他无法集中精力思考题目本身。此时，各位家长觉得下列哪种方式，能够真正帮助孩子适当减少畏难情绪呢？

应对方式	话术示例
提醒孩子集中注意力，并给予压力	你怎么又走神啦？赶快好好写作业！ 这题这么简单，你都不会？是不是没动脑子啊？你再好好想想！
给予安全感和鼓励	没做出来也没关系，题目本来就不简单，我们不会批评你的！ 再试试吧，相信自己，等你想得差不多了，咱们一起讨论一下！

可以试想一下这样的情境：你自身的压力本来就很大了，这个时候其他人又继续给你施加压力，此时你是会动力十足呢，还是会“摆烂”呢？我想大概率是后者。那么，对于一个心智本来就尚未成熟的孩子，应该用何种方式去帮助他消减畏难情绪，就显而易见了——孩子此时需要的并不

是持续加压，而是让自己的担心得到一定程度的消解，这样才能把注意力拉回到当前的题目上。因此，家长应该“端正态度”去对待孩子的畏难情绪，我们要让孩子知道，我们会一直陪在他身边，并不会因为他无法解出难题而斥责他。

02 化整为零 和孩子一起，解剖难题

复杂的机器大多是由一个个小的零部件组合而成的，难题也不例外，倘若将其拆成一个又一个的“小零件”，难题也就不再难了。因此，我们可以尝试按照下面的步骤，引导孩子攻克难题。

第一步 拆解难题

让孩子想一想：要解决这个问题，应该从哪里入手？中途要经过哪些步骤？这些步骤能够得到的过程性结论是什么？如何应用这些过程性结论，最终解决这个问题？通过以上思考，让孩子逐渐学会拆解难题。

第二步 各个击破

进一步引导孩子，将注意力集中到解决每一个小的问题、操作或步骤上去，而不是总想着这道题有多难，把注意力分散得很开。当他想到解决问题的好办法时，我们应该适时地给予鼓励，这会促使他集中精力，全力思考。

第三步 总结反思

在一起解决了难题之后，我们也可以让孩子说说，题目中哪个部分是他感觉最难的，感觉比较难的原因是什么，如果再次遇到类似的题目，是否能够独自解决，等等。

03 授之以渔
从家长鼓励到自我激励

上面的方法不仅仅适用于解决难题，还适用于其他遇到困难的情况。在陪伴和鼓励的基础上，家长也要逐渐放手，让孩子在一些方面独自去面对这个未知的世界。我们要教孩子以正确的态度去面对困难，不要从一开始就怕得不敢动弹，也不要鲁莽地不顾一切，要让孩子意识到：有困难是正常的，但困难并不是不可战胜的，也就是“战略上藐视，战术上重视”。

方法迁移小提示

上述“化整为零”的方法，其实就是在培养孩子的结构化思维。这种思维不仅能够帮助孩子攻克学习中的困难，还能让孩子更有条理、有信心解决日后在生活中遇到的各种难题。

孩子偏科严重怎么办？

铭远家长的来信

老师，您好！

我们正在为铭远的数学学习头疼。铭远从小就不太喜欢数学。小学阶段孩子的数学成绩也还可以，我们就没有加以干预。到了初中，其他学科的成绩都还不错，只有数学成绩退步明显，导致孩子对数学更加抗拒了。请问，我们是应该战略性放弃数学，还是应该把数学再补补，追上来呢？如果要再补补的话，现在铭远已经上初中了，还来得及吗？有没有什么方法，让孩子不那么抗拒数学呢？

回信

铭远家长，您好！

无论未来的教育形势如何变化，只要小学、初中、高中包含某一学科，就说明这一学科对孩子的终身成长必然是有所助益的，也是不可或缺的。因此，无论是数学这种非常重要的基础学科，还是其他学科，我们都不应该放弃。基于这个前提，我们应该分析一下导致孩子偏科的原因，同时让孩子自己意识到问题所在，并应用合理的学习方法，逐步培养孩子对这一学科的学习兴趣，从而提高考试成绩。

01 追根究底 找到导致偏科的真正原因

如果一个孩子的各科成绩都在及格线上徘徊，有的刚及格，有的不及格，那其实并不是偏科，这个时候需要从学习方法、学习习惯、学习态度等多方面对孩子进行评估和提升。

我们所理解的偏科，是指有一门或几门科目成绩非常优秀，甚至超拔他人，而其他科目则非常平庸，甚至很差。就像上面这位家长提到的一样，“其他学科的成绩都还不错，只有数学成绩退步明显”，这才是我们要讨论的偏科。

在跟很多存在偏科现象的孩子及其家长交流后，我们发现大家经常会提到的原因如下。可以先填一填你觉得哪些是表面原因，哪些是本质原因。

原因①：不喜欢当前学科的授课老师。

原因②：对当前学科不感兴趣。

原因③：低年级时当前学科基础不扎实，欠账多。

原因④：对当前学科的大概念理解不够深入。

……

表面原因	本质原因

上面几条中，①②均为表面原因。每个班里都有数学比较突出的学生，他们的成绩也大多与老师的授课风格无关；而“对当前学科不感兴趣”，其背后的原因大多是成绩欠佳——从本质上来看，某一学科成绩欠佳的原

因，大多是在之前学习这一学科时基础不扎实，而这个“基础”，其实就是对当前学科的大概念理解不够深入。

02 木桶效应
认识偏科的危害

从考试的角度来说，不论孩子的强项科目成绩有多好，只要有一门偏科，就可能使得总分偏低，在班级中的排名也会靠后。在初中、高中阶段，偏科更是会直接影响到中考、高考等对孩子未来影响深远的大型考试，这就是“木桶效应”。因此，家长应该让孩子意识到偏科问题的严重性，从而提升对弱势学科的重视程度。

家长可以跟孩子深入交流一次或多次，让孩子明白，每个人固然可以有自己喜欢的学科，但在小学、初中、高中阶段接触到的所有科目，都是未来应该掌握的基础知识、基本技能、基本思想、基本活动经验的一部分。孩子需要通过这些，逐渐培养发现问题、提出问题、分析问题、解决问题的能力，这样才能妥善解决日后生活中遇到的各种问题。当孩子意识到偏科的危害后，就自然能够更积极、更主动地面对这门学科。

03 溯本求源
调整学习方法，探究学科大概念

前面已经提到，某一学科成绩欠佳的原因，大多是当前学科的基础不够扎实。追根究底，这其实是因为孩子或家长的一些错误认知，导致孩子在之前学习这一学科的过程中，使用了错误的学习方法。因此，孩子需要有正确的学习方法，来夯实对这一学科的底层认知，而不是仅仅依靠刷题、考前冲刺来提升成绩。家长可以帮助孩子调整、总结学习方法，并选择合适的教育资源，来帮助孩子发现弱势学科的学习规律，从而逐渐理解知识背后的知识，而这种科学的学习方法，就是主书中提到的“大概念学习法”，具体可以参考主书第一章“借助大概念，让孩子学会学习”中的内容。

04 学以致用 构建学科知识与实际生活的链接，提升获得感

部分孩子对某些学科产生抵触情绪，是因为不知道学了这些知识后要用于何处。其实，无论哪个学科，都与人们的日常生活有着密切联系，是从生活中逐渐提炼、总结而成的，最终也将指导我们的日常生活。例如，在处理一些较复杂的问题时，就需要用到数学中的逻辑思维；平时的沟通、交流，都离不开语言表达；而物理中的力学、热力学、光学、电学等知识，在日常生活中应用甚广。因此，家长可以在平时多引导孩子发现学科知识在生活中的应用，从而让孩子在学习这些学科时，意识到学习它们的必要性，以此提升孩子学习的兴趣和获得感。

方法迁移小提示

上述“追根究底”的部分，其实就是在用大概念的理念来探寻导致孩子偏科的本质原因。由此可见，应用大概念的理念进行学习，能够真正做到一通百通，应用于生活中的方方面面。

如何培养孩子的专注力？

鑫琦家长的来信

老师，您好！

鑫琦在上学之前非常活泼好动，一刻也闲不住，因为是小男孩，所以我们也就没觉得有什么问题。现在孩子已经9岁，开学就要上四年级了，但注意力依然难以集中，上课的时候容易走神，下课后写作业时也是玩玩这玩玩那，一会儿要喝水，一会儿要上厕所，一会儿又在草稿纸上画画，不到一个小时就能完成的作业，要花两三个小时才能完成。我们怀疑孩子有多动症，就去看了医生，医生说孩子没有任何生理上的问题，只是专注力差了一些。请问老师，我们应该怎么培养鑫琦的专注力呢？

回信

鑫琦家长，您好！

所谓专注力，就是我们常说的注意力，对孩子来说，是指他们能把视觉、听觉、触觉等感官集中在某一事物上，达到认识该事物的目的。专注力是一切学习的开始，是孩子最基本的适应环境的能力。按照您的描述，鑫琦的专注力确实亟待提升，但这也不是一蹴而就的，需要进行科学、正确、循序渐进的引导，让孩子在日常生活中，逐渐提升专注力。

01 一心一意
一段时间只完成一件事情

如果把人的专注力看成一种资源的话，那么这种资源一定不是取之不尽、用之不竭的，把有限的专注力分配在多件事情上，放在每件事上的专注力自然就会降低。对孩子来说尤其如此：他们的心智还不坚定和成熟，会被各种事物吸引，如果再让孩子同时处理多件事情，孩子的注意力必然难以集中。

因此，最好让孩子在一段时间内只进行一件事情。比如，当孩子玩玩具的时候，关掉电视机；做作业的时候，不要放音乐；孩子的书桌上只摆放书本等相应的学习用品，不可摆放玩具，也不要摆放水果、零食等食物；等等。让孩子习惯性地沉浸在当前要做的事情里面，他的专注力自然就能有所提升。

另外，每天可以安排一段时间，让孩子选择他们喜欢的小文章读给家长听。这是一个使孩子口、眼、脑相互协调的过程，在读书的过程中，想要做到尽量不读错、不读丢、不读断，他的注意力就必须高度集中，这也是让孩子多感官沉浸的一种有效方式。

02 有效练习
舒尔特训练法

舒尔特训练法是一种专业、普适、简明的注意力训练方法。每日坚持对孩子进行 5 分钟训练，可有效改善注意力分散的问题，明显提高孩子的注意力水平。

舒尔特训练法是在一张方形卡片上画出 25 个 1cm×1cm 的方格，在格子内任意填写 1～25 共 25 个数，然后让孩子用手指按 1～25 的顺序，依次指出其所在位置并读出来。家长可以在一旁记录孩子完成测试的用时，所用时间越短，注意力水平越高。平均每秒完成 1 个数是较为优秀的，即 9 格用 9 秒，16 格用 16 秒，25 格用 25 秒。

如果孩子平时的专注力较差，可以先从 9 格开始练起，在多次达到要求后再逐渐提高难度，千万不要因急于求成选择难度较高的，而使孩子训练的热情受挫。视野较宽、专注力尚可的孩子，可以从 25 格开始练习。如果有兴趣继续提高练习的难度，还可以自己制作 36 格、49 格、64 格、81 格的表，来让孩子挑战。

舒尔特训练法

3×3

2	3	1
9	6	8
5	4	7

2	3	1
9	6	8
5	4	7

4×4

15	3	16	2
12	14	6	9
5	1	10	13
7	11	8	4

15	11	5	7
13	1	9	4
3	6	12	14
16	10	8	2

5×5

18	24	6	16	23
8	7	13	2	9
20	19	22	11	15
10	25	12	3	14
1	4	17	21	5

24	2	5	10	18
7	1	22	14	23
13	19	15	12	20
21	17	6	25	11
4	3	16	9	8

03 设定时限
让孩子有时间的紧迫感

当我们跟孩子说“一个小时之内写完作业”时，我们自然期待孩子能在这一小时的时间里全神贯注，高效完成作业。然而，小学阶段的孩子能够集中注意力的时间通常只有不到半小时，因此也自然会出现让家长感到头疼的各种现象，而且一旦孩子的注意力开始分散，是很难自行拉回来的。

此时家长应该顺应孩子的生理特点，设定合适、合理的注意力集中的时限，而“番茄钟”就是一种很好的工具。以完成作业为例，具体步骤如下:

拆分任务	将需要完成的作业以 25 分钟为一个单位进行拆分，并想好完成这些作业的先后顺序，建议作业难度大的优先
开始前准备	让孩子做好开始学习前的所有准备工作，如喝水、上厕所、准备学习用品等
学习 25 分钟	开始倒计时，给孩子仪式感，在这段时间内只需要专注学习，不考虑别的事情，直到 25 分钟结束
休息 5 分钟	休息的时候可以起来活动一下，也可以完全放空，同时要做好下一段学习的准备工作，此时不要让孩子接触电子产品，否则 5 分钟结束后，孩子会很难在下一个 25 分钟集中精力
学习 25 分钟	与上面的要求相同
休息 5 分钟	与上面的要求相同

……

上面“25+5”的模式可以根据孩子的实际情况进行调整，比如，对于低年级的孩子，可以先设置成学习 15 或 20 分钟，等孩子适应了，再逐渐增加到 25 分钟。

方法迁移小提示

舒尔特训练法和“番茄钟”，都是非常具有普适性的提升专注力、集中注意力的方法及工具。倘若孩子有专注力方面的问题，从任何时候开始练习或使用它们都不晚。

孩子不会规划自己的时间怎么办？

辰辰家长的来信

老师，您好！

我家辰辰现在上小学三年级，他平时的问题就是没有时间观念：早上起床磨磨蹭蹭，多次因为耽误了应该出门的时间而上学迟到；每次都要玩够了才去做该做的事，每天晚上都要很晚才能睡觉。周末、假期更是如此，每次都是到最后一天才开始写作业，甚至要熬夜才能完成作业。请问，我们该用什么方法，来让辰辰有时间规划的意识呢？

回信

辰辰家长，您好！

有人统计了历届高考状元的成功秘诀，发现他们有一个共同的特点——超强的时间管理能力。高效的时间利用能力让他们在数年的学习过程中逐渐超越同龄人，最终在高考这场重要考试中脱颖而出，赢得人生的高光时刻。因此，尽早培养孩子的时间管理能力是非常有必要的，也是能让孩子一生受益的。

01 划清界限
管理好时间是孩子自己的事

每个人的时间都是自己的，孩子在每个时间段都有他自己应该完成的事，如果每件事都需要家长来催促，那么孩子的自主时间管理能力永远也培养不起来。举个例子，孩子因为赖床、磨蹭耽误了出门时间而上学迟到，并因此受到老师的批评，孩子的情绪低落，此时家长千万不要把责任揽到自己身上，而是需要让孩子意识到，如果管理不好时间，那么吃苦头的将会是自己。只有越早让孩子意识到时间是自己的，孩子才能越早自立起来。

02 求同存异
站在孩子的视角，培养时间意识

孩子对时间的感知跟成人相比是有很大差别的。孩子眼中的新鲜事物很多，也没有很明确的时间概念，更难以感觉到时间的流逝。对于孩子而言，世界才刚刚开始展现它的广阔，过去只是短暂的经历，很快会被眼前的事物代替，而未来是遥远的、模糊的，只有现在才是真实的。因此，孩子对“快点儿”“一会儿”等词毫无概念，从而很难做到时间管理。

站在孩子的角度，我们首先要让孩子感受时间的长短、快慢。当然感受时间的过程也不是一蹴而就的，可以按照如下的步骤，逐步训练孩子的时间意识。

01

第一步 认识时间

◎ 教孩子认识时间、日期。

◎ 一件事情开始、结束时，可以让孩子看看时钟，并告诉家长现在几点了。

02

第二步 感受外部的时间

◎ 在每个房间都放一个时钟，让孩子可以在需要的时候马上看到时间。

◎ 让孩子注意聆听钟楼定时报时的钟声，或是学校固定的下课铃声。

◎ 在大街上和孩子一起进行红绿灯的读秒，感受一秒、一分的长度，培养孩子的量感。

03

第三步 让孩子了解自己一天的生活

◎ 通过制表、绘图等形式，让孩子把自己一天做过什么以及做这些事情的起止时间记录下来。

04

第四步 尝试制订计划，并与实际情况对比

◎ 让孩子自己先制订一天、一个周末的计划，然后将实际情况与自己的计划进行对比，从而让孩子能够更加明确时间到底在每天的生活中意味着什么；孩子会对实际情况中的时间浪费感到遗憾，从而在这样的反思中逐渐提升时间管理的能力。

03 轻重缓急
借助四象限，理清优先级

如果孩子一天想完成的事情很多，可以让孩子先把所有想完成的事情列好清单，然后利用四象限法则，把每件事情的紧急程度与重要程度标出来。

今天想要做的事情	重要程度	紧急程度	完成顺序	是否已完成

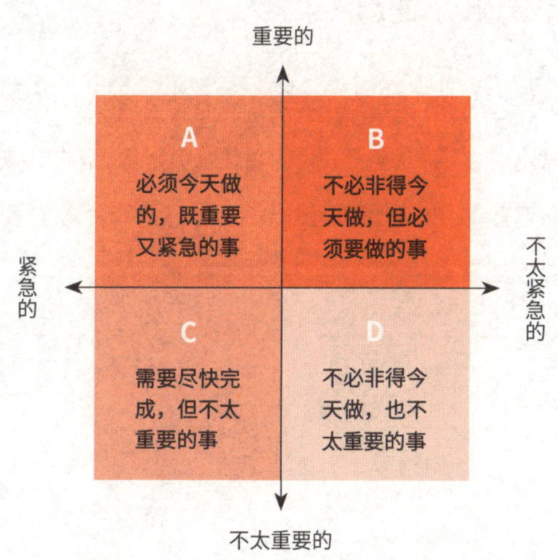

根据四象限法则，优先完成“重要的”“紧急的”事，最后完成“不太重要的”“不太紧急的”事。取舍之间，塑造孩子于无形。

04 逆向思考 倒推时间，合理安排

在数学中，“逆向思考”是一种很重要的思考及解题方式，而这样的思考方式同样可以用于孩子平时的时间规划中。倒推时间就是一个很好的制订计划的方法。

举个例子，孩子必须在晚上 9 点睡觉，睡前有 20 分钟的睡前故事时间，所以需要在 8:40 之前上床；洗漱要花 30 分钟，所以需要 8:10 开始洗漱；睡前整理房间需要 10 分钟，所以要在晚上 8 点前写完作业……

教会孩子倒推时间，不仅提升孩子的时间管理能力，还训练孩子的逻辑思维，可谓一举两得。

方法迁移小提示

“轻重缓急”中的四象限法则和“逆向思考”中的倒推时间，都是比较常用的、可以持续使用的管理和规划时间的方法。孩子如果能尽早对这些方法有所接触和体验，必然能有所收获和成长，在日后面临更加复杂的局面时，能合理分配时间。

考试前如何安排复习？

梓墨家长的来信

老师，您好！

我们家梓墨上六年级了。前几年孩子的成绩处于中游水平，但我们工作比较忙，一直没有时间来多关心孩子的学习。现在孩子正是要升入初中的关键时刻，我们想在每次考试之前带着孩子复习一下，但对于该如何带着孩子系统地、有规划地复习完全没有头绪，只能给孩子买练习册，但把一大堆习题丢给孩子做，孩子的抵触情绪也很重。请问有没有什么行之有效的方法，来帮助孩子进行考试之前的复习呢？

回信

梓墨家长，您好！

“试卷做不尽，春风吹又生。”这句广泛流传在学生之间的戏谑之语，也说明了孩子在学校的真实现状。目前教育改革正在进行中，传统的“一考定终身”的方式也在逐年发生变化，但不管如何变化，我们都需要在一个学习阶段结束后，评估一下孩子的学习情况，查漏补缺。因此，孩子在考前能科学、有效地进行复习，是非常有必要的。

01 设定目标
让学习更有目的性

设定考试要达到的目标，能够让孩子更积极、更专注地朝着目标去努力，也就是“有奔头”。一旦设定的目标最后达成了，孩子会获得极大的成就感和幸福感，同时能够让孩子意识到设定目标、制订计划的重要性，从而让他们日后的生活都是有目标、有条理的。相对地，如果不设定目标，很容易在考试前像无头苍蝇一样，不知道从何下手。

在设定目标时，因为对象是考试，所以可能用不上“SMART（目标管理原则）”这么复杂的原则来优化设定的目标，但其中的“M（Measureable）”是需要达到的，也就是“可量化”。孩子可以设定“考试总成绩达到年级××名”“英语考到班级××名”这样的名次目标，也可以设定“语文达到××分”这样的分数目标，或是“数学的填空、选择题全部做对”等其他目标。当然，目标不能好高骛远，也不能唾手可得。最合理的目标，应该是“跳一跳就可以够到”的目标。

	具体目标	是否达成	反思总结
名次目标	考试总成绩达到年级前十名		
分数目标	语文达到 95 分		
其他目标	数学的填空、选择题全部做对		

在目标设定好后，就不要轻易改变，否则会降低目标对孩子的激励作用。另外，在孩子考试之后，一定要把成绩与当初设定的目标进行比对，并进行适当的总结与反思，这样一开始设定的目标才有意义。

02 制订计划 学习方法和计划相结合

孩子在小学阶段，适合他的学习方法还未完全成型。因此，我们可以使用学习方法菜单，让孩子自行决定采用哪些方法来进行考前复习。

学习方法菜单

在你要使用的学习方法上画✓

□ 1. 重读课本 / 重看课本	□ 2. 再读 / 组织笔记	□ 3. 阅读 / 背诵重点内容
□ 4. 概述课文	□ 5. 挑出课文重点	□ 6. 挑出笔记重点
□ 7. 运用学习指南	□ 8. 画知识脉络图	□ 9. 制作 / 组织清单
□ 10. 参加练习测试	□ 11. 对自己进行测试	□ 12. 让别人对自己进行测试
□ 13. 学习单词卡片	□ 14. 强记 / 排练	□ 15. 制作“备忘单”
□ 16. 和朋友一起学习	□ 17. 参加学习小组的学习	□ 18. 和老师一起学习
□ 19. 和父亲或母亲一起学习	□ 20. 寻求帮助	□ 21. 其他

选择好学习方法后，家长可以与孩子一起制订一份学习计划，安排好临近考试几天的学习任务。心理学研究表明，分散式练习比集中式练习更有效，换句话讲，如果你打算为迎接某次考试而复习 2 小时，将这些时间分成更小的部分（比如每个晚上复习 30 分钟，一共复习 4 个晚上），比考试之前那个晚上集中复习 2 小时效果更好。

对于难以保持专注度的孩子，运用多种学习方法且每种方法只运用较短的时间，比在整个学习期间只运用一种方法，学习起来更容易。你可以为每种方法运用的时间长度设置计时器，当闹铃响起后，孩子可以转向下一种方法（除非孩子喜欢当前正在使用的方法，并希望继续用下去）。

学习计划

日期	倒计时	我会使用哪种方法	每种方法运用多长时间
	考试之前 4 天	1.______ 2.______ 3.______	1.______ 2.______ 3.______
	考试之前 3 天	1.______ 2.______ 3.______	1.______ 2.______ 3.______
	考试之前 2 天	1.______ 2.______ 3.______	1.______ 2.______ 3.______
	考试之前 1 天	1.______ 2.______ 3.______	1.______ 2.______ 3.______

考试之后的评估

你的学习效果怎样？回答下面的问题：

1. 哪些方法效果最好？

2. 哪些方法帮助不大？

3. 你是不是花了足够的时间来学习？□是 □否

4. 如果没有，你应当在哪些方面加强？

5. 下次你打算以怎样的方式准备考试？

03 考前模拟 查漏补缺的绝佳时机

考试之前进行实战模拟是非常有必要的，一方面可以测试孩子的知识掌握程度，另一方面也可以看出孩子的时间分配、做题速度等其他维度的能力。当然，既然是实战模拟，那就要尽量给孩子创造出类似考试的环境，减少干扰，如果家里难以模拟这样的环境，可以选择去图书馆、自习室等比较安静的地方。同时要规定好考试时间，并在一些关键的时间节点适当提醒孩子，或者直接给孩子一块手表，让他自行掌控时间。

在实战模拟结束后，订正的环节也是必不可少的。如果家长在某些地方不太会辅导孩子，比如作文评分、分析错因等，可以向老师寻求帮助，从实战模拟中找出孩子目前比较薄弱的知识点，从而明确下一步的复习方向。

04 轻装上阵 尽力而为，不留遗憾

无论孩子是否按照计划按部就班地复习，在考试前的1~2天，家长都不要给孩子太大的压力，让他以平常心去面对考试，更能发挥全部的实力。另外，研究表明，睡眠是有助于巩固学习效果的，因此，考试之前的那个晚上睡个好觉，比“突击准备”更加有益。如果孩子考试之前比较焦虑，家长可以参考下一个问题——“如何缓解考前焦虑”中的解决方案。

如果你的孩子觉得自己复习得差不多了，但分数仍然不高，可以询问老师，下一次考试前可以换成何种方法来复习；你也可以向孩子的老师咨询，如何准备一份学习指南，从而指导孩子的日常学习和考前复习。

方法迁移小提示

相信各位家长也深有体会：即使走出学校进入工作岗位，依然会面临功底测试、职称评估、职业资格考试等诸多考试。因此，孩子如果能够在求学阶段学会科学、合理地在考前制订计划，有效复习，将会受用终生。

如何缓解考前焦虑?

多多家长的来信

老师，您好!

我家多多现在上小学五年级，平时学习还不错，老师布置的作业正确率也挺高的，但孩子从四年级开始，考试之前会明显出现烦躁的情绪，睡眠质量不好，导致孩子每次考试的成绩都不是很理想。我也跟多多聊过，她说每次考试的时候都很紧张，感觉大脑一片空白，也不知道是怎么回事，考完试马上就好了。请问有没有什么行之有效的方法，可以帮助孩子缓解考试前以及考试过程中的焦虑呢?

回信

多多家长，您好！

考前焦虑是一种特殊情境状态下的特质焦虑（仅在考试这一特殊情境中发生），是学生在学习过程中产生的一种最为普遍的消极情绪。其实，一定程度的紧张焦虑能够成为我们好好学习的动力，也能让我们的大脑保持活跃和警醒，但是过度的紧张焦虑则会影响到我们的考前准备与临场发挥。您可以参考下面的建议，来缓解多多的考前焦虑情绪。

01 自我剖析 找到孩子焦虑的原因

您现在就是孩子的“心理医生”，需要帮助孩子找到问题的症结所在。不妨和孩子来一场敞开心扉的谈话，问一问孩子是因为什么而焦虑。

- 平时学得一般？
- 复习还不充分？
- 害怕考得不好，辜负家长、老师的期许？
- 害怕考得不好，被同学嘲笑？
- 这次考试太重要了，考不好就完了？
- 家里营造的考前紧张氛围太浓厚了？
- 考试时的氛围很严肃，就会不由自主地紧张起来？
- ……

通常情况下，孩子能说出来的只是表面原因，需要我们进一步沟通来发现真正的原因。比如，“怕被同学嘲笑”的深层次原因，其实是希望更好地融入集体，不因负面评价而被集体排斥。

那么，让孩子从焦虑的原因中选择“最焦虑”的 3 项，然后通过下面的表格进行深度讨论，找到孩子焦虑的真实原因吧！

序号	焦虑的原因	如果担心成为现实会怎样？	真正的原因是什么？
1			
2			
3			

02 准备充分
做好日常学习与考前演练

孩子的某些焦虑情绪是可以通过沟通来缓解的，但如果孩子的紧张焦虑是因为没有做好准备，那就需要在日常学习中下功夫，找到适合的学习方法，做好预习和复习，及时查漏补缺。考试焦虑并不是孩子考试失败的借口，如果准备得很充分，相信这种焦虑感也会随之降低。

针对考前复习，您也可以与孩子一起制订计划，具体方法可以参考前面“考试前如何安排复习”中的方法。

03 考前放松
身体放松与自我暗示

在压力大或是焦虑的时候，有些人的生理也会跟着心理出现负面的反应，如不自觉地加快呼吸、紧绷肌肉等。反过来，如果呼吸和肌肉得到放松，也会对心理的放松有所助益。在考试前，或是在考试过程中压力堆积到一定程度时，可以让孩子进行下面的放松练习。

另外，可以让孩子多进行积极、正向的自我暗示，例如“我很放松”“我一定可以的”“我很自信”等。在自我暗示的时候，尽量不要使用否定词，例如“我不紧张”“我不焦虑”“我不害怕”等，因为当我们使用否定词时，大脑很有可能只接受到了“紧张”“焦虑”“害怕”等信息，而忽略了“不”，从而起到相反的暗示效果。

呼吸放松	肌肉放松
腹式呼吸——持续 2~3 分钟	放松肌肉——大约 5 分钟
把手放在腹部， 感受吸气时腹部向外鼓， 呼气时腹部向内收缩。	收紧右胳膊的肌肉直到颤抖。 坚持收紧 5 秒，然后让手和胳膊变软，完全放松。 重复 2~3 次，交替收紧和放松肌肉。 用同样的方法放松左胳膊、右腿、左腿、腹部、胸部、肩膀、脖颈、下巴、喉咙、前额和嘴部周围的肌肉。最后，交替蜷曲脚趾并放松。 继续这些练习，直到全身彻底放松。

04 觉察焦虑 接纳不完美的自己

“有考试焦虑的我是不完美的我，但这样的我是真实而完整的我。”孩子能够这样想，并不是破罐破摔，反而能通过与自己和解，轻松面对考试，缓解焦虑。因此，孩子需要尝试去接纳不完美的自己，这也是成长的必经之路。

方法迁移小提示

上面的 4 个方法不仅仅适用于考试前，在比赛前、演讲前等，都可以用类似的方法来缓解孩子的焦虑。

能“带出学校”的学习方法

帅科　马旻　杨成慧 / 著

天地出版社 | TIANDI PRESS

推荐序

FOREWORD

"君子务本，本立而道生"
——《论语·为政》

教育与文明的发展有着密切的关系。一方面，教育的本质是传承，旨在将知识、技能、文化和价值观传承给新一代，使他们不仅能适应社会的需求，更能推动文明的进步；另一方面，文明的进步将使得社会和个体的运行方式发生质的改变，而教育的目标、内容和形式也必然发生相应的变化。所以，教育与文明互为依赖、互为促进——教育推动文明的进步，从而改变社会的需求；而社会需求的改变又要求教育不断演化与革新。

在农耕文明时期，人们主要依靠田间耕作和养殖家畜等来维持生计。此时的教育，一方面集中在农业生产、畜牧业发展以及实用技能的传承，教育形式以师徒制为主，强调记忆、模仿和服从；另一方面，仅有少数贵族和精英阶层有机会进入官办学校或者私塾，学习与生产非直接相关的知识，如哲学、文学、数学、物理学等，其首要目的是通过考试制度和官职制度等提升个人地位。随着这些“无用之学”的日积月累，工业革命应运而生，这也使得教育进入了一个全新的阶段。

进入工业文明时代以来，机械化生产逐渐成为主导经济增长和社会发展的主要力量，社会生产力随之大幅提升。在这样的变革下，许多人亟须学习新的技能，来适应新的工作环境和职业要求；同时，现代的国家概念开始形成，为了提高国民的整体素质和竞争力，各国政府将教育从个人传承的私人属性变成了强制教育的国家属性。在这一阶段，培养“有知识的工人”成为教育的主要目的。

为了让越来越多的学生能够接受系统化的教育，以便运用这些知识解决实际生产中的问题，学校实施班、级制度，使学生按照年龄和学科分组，更有利于管理和教学。同时，工业文明追求的生产效率和规模经济也对教育领域有所影响——标准化的教材和教学体系可以使教师更系统、有计划地进行教学，确保所有学生都能达到一定的教育水平，满足社会对人才的需求。这种教育体系虽然能够快速、高效地培养“有知识的工人”，但是却彻底地偏离了“以学生为中心”的教育本质。一些教育问题也随之显现，如学习动力不足、举一反三能力欠缺、创新意识薄弱等。

那么，我们应当如何变革当下的教育体系，重归教育的本质？

孔子在《论语·为政》中指出了追求真理、探求事物本质的思维方式——“君子务本，本立而道生”。这里的“本”指的是根本、基础。“本立”意味着根基稳固，“道生”则意味着从这个稳固的基础上演化出正确的道路。无独有偶，差不多是同一时代的古希腊哲学家亚里士多德提出了“第一性原理”思维方式，即将复杂的问题分解为最基本的元素，回溯事物的本质，从本质出发来理解和解决问题。

在《学会学习》一书中，帅科、马旻和杨成慧通过同样的思维方式，分析了在基础教育领域，导致学生成绩欠佳、学习效率低等方方面面问题的原因，然后将对知识的死记硬背回归到学科的基本概念，即“大概念”，从而提出了更为科学、更符合学生心理认知能力的学习方式。这里的“大概念”，与孔子的“本”，以及亚里士多德的“第一性原理”异曲同工。

基于“大概念”的全新学习方式，不仅抛弃了传统教育中对知识的死记硬背和对例题的机械模仿，更重要的是，在学习技巧之外，它的核心在于培养学生的批判性思维能力和创造性思维能力。

批判性思维的核心是分析与反思，旨在对信息、论据和观点进行深入的评估，从而形成有根据的判断。它包含问题分析（识别和明确问题，弄清楚问题的性质和背景）、证据评估（对收集到的信息、数据和证据进行分析，以确定其可靠性、准确性和相关性）、论据分析（审查和评估观点、推理和论据的逻辑结构，以确定其合理性和有效性）、假设和偏见识别（识别和质疑隐藏在观点和论证中的假设、信念和偏见，以确保判断基于事实和证据）以及结论和决策（根据对证据和论据的分析，形成准确、有根据的结论或决策）。在《学会学习》中，“大概念”所强调的对学科的“本质核心”的探索，是对批判性思维的最佳训练方式之一——通过训练学生从“大概念”出发，在眼花缭乱、千变万化的题海中，学会分辨真实与虚假、合理与荒谬，最终拨开迷雾见真章。

创造性思维则是鼓励学生跳出固有思维模式的限制，尝试以新的方法和角度来解决问题，从而生成新的、独特的和有价值的想法、解决方案或观点。它包括发散思维（面对问题时产生多种可能性，而不是寻求唯一的正确答案）、关联思维（将看似无关的概念、想法或信息组合在一起，形成有结构的知识图谱）、想象力（构建新的图像、场景或故事，以探索潜在的解决方案或新颖的想法）、灵活性（能够适应不同的观点、方法和环境，以找到最佳的解决方案）和原创性（独特的观点、想法或解决方案，而不是仅仅遵循现有的规则或常规思路）。在《学会学习》中，“大概念”所强调的“结构化网络”和“高通路迁移”，是对创造性思维的最佳训练方式之一——在纷繁的万事万物中寻找关联以构建知识图谱，然后基于此，从零到一，从无中生有，打破问题边界、场景边界、学科边界，从而做到一通百通。

1936年，爱因斯坦在纪念美国高等教育300周年的会议上说：“教育的首要目标应该是独立思考和判断的能力的培养，而不是获取特定的知识。”《学会学习》一书中介绍的学习方法，正是基础教育工作者对此理念的忠实实践。在“大概念”的框架下，学生可以通过批判性思维的“善断”，评估已有的知识和策略，探寻学科知识的“本质核心”，然后由此出发，通过创造性思维的“善谋”，创造出全新的知识和策略，从而提升学业成绩，实现自主学习，自我成长。

刘嘉

清华大学基础科学讲席教授

清华大学心理学系　　主任

前言

P R E F A C E

当今世界，信息技术迅猛发展，人工智能方兴未艾，人们生活、学习、工作的方式都在不断改变。从几天内就能收到商品的网络购物，到无须携带现金出门的移动支付，再到随时都能进行学习的在线教育资源……互联网正将我们的生活变得无比便利。

与此同时，这个时代也给我们提出了新的挑战。首先，新信息、新知识层出不穷，这对于每天都要处理这些信息、吸收这些知识的我们而言无疑是一个巨大的挑战；其次，新一轮产业变革深入发展，量子信息、集成电路、生命健康、脑科学等前沿领域日新月异，技术迭代、行业升级的周期变得越来越短。面对这些全新的问题，过去的方法已不再适用，这意味着具体技能、固定知识的价值变得越来越低。随着时代的发展，未来的孩子所面临的挑战将会更严峻。

但与这些挑战不匹配的是，目前多数学校的教育模式大多还停留在工业时代。现代学校教育制度遵循的是工业革命后标准化生产、大规模复制的基本逻辑，让学生集中在相同的地点学习相同的时间，强调基础知识和基本技能的掌握，相信各位家长对此也感触颇深。它能满足工业时代的供需关系——用现有的知识批量培养劳动力，但难以满足信息时代对人才的需求——面向未知，培养具有创新与实践能力的复合型人才。

这种错位造成的影响是：在求学阶段，孩子要学的知识越来越多，学业压力不断增加，从而导致部分孩子逐渐失去了对学习的兴趣；而在走出校园后，由于缺乏清晰的职业目标及明确的人生规划，部分年轻人在社会的重压下，逐渐丧失了奋斗的动力和热情，出现了“躺平”的心态。这显然不是教育从业者想看到的，更不是各位家长想看到的。

为了走出困局，我国的教育部门一直在研究这个问题，并不断变革以适应时代趋势。2014 年，教育部在《关于全面深化课程改革 落实立德树人根本任务的意见》中首次提出，要“研究制订学生发展核心素养体系和学业质量标准”，并表示“构建学生发展核心素养体系，对提升人才培养质量、增强国家核心竞争力至关重要”。2016 年 9 月，《中国学生发展核心素养》发布，文件中提到“学生发展核心素养，主要是指学生应具备的，能够适应终身发展和社会发展需要的必备品格和关键能力”，“中国学生发展核心素养，以培养‘全面发展的人’为核心，分为文化基础、自主发展、社会参与三个方面，综合表现为人文底蕴、科学精神、学会学习、健康生活、责任担当、实践创新六大素养”。

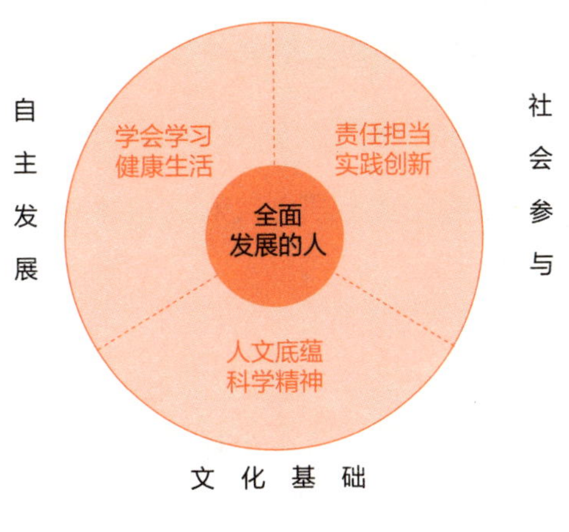

中国学生发展核心素养

在上述文件的指导下，教育的目标已不再是让孩子仅掌握基础知识和基本技能，还要培养学生的“核心素养”，培养“全面发展的人”，让学生能够适应未来社会的发展需要。随着教育目标的改变，整个教育体系的各个方面都会发生巨大的变革，这就需要每一个教育工作者都要打破脑海中对教育的固有印象。

那么，如何将培养学生的核心素养落实到基础的学校教育中呢？2017 年 12 月，教育部印发《普通高中课程方案和语文等学科课程标准》，并于 2020 年 5 月进行修订。该课程标准首次凝练了各个学科的核心素养，并提出“进一步精选学科内容，重视以学科大概念为核心，使课程内容结构化”。2022 年 4 月，教育部印发《义务教育课程方案和课程标准》，各学科均由核心素养指导课程内容、教材编写、教学提示、考试命题等，注重培养学生在真实情境中解决问题的能力，并提出“遴选重要观念、主题内容和基础知识技能，精选、设计课程内容”。这里的“重要观念”和高中课标中的“大概念”一脉相承。

课程方案和课程标准是国家教育的指导性文件，约 10 年会进行一次更新。从最新一次的修订中也能看出，在时代发展的大背景下，国家对培养学生核心素养的决心。在核心素养的指引下，教学的重点将转向培养学生在真实情境中解决实际问题的能力，由此学习内容、学习方式、评价维度都将发生改变。而各个学科落实核心素养的抓手，就是大概念。围绕大概念，各个学科都要重新设计课程内容，优化课程结构。

面对如此大的变化，在线教育科技的领先者、已经培育出百万优秀学生的猿辅导正以核心素养为本，不断探索新的可能。

首先，基于多年的内容积淀和数据支撑，猿辅导的教学、教研团队持续学习和深挖国内外前沿的专业内容，摒弃老一套“背题型、记套路”的方法，提出全新的培养理念：引导孩子理解知识的本质，培养“会学习”的底层能力，并推出引领行业的“大概念新体系”。掌握大概念，能够打破知识间的壁垒，整合相关知识、多种题型，从而构建自己的知识结构体系，做到“一通百通”。

其次，针对课程内容、课程结构和评价体系的变革，猿辅导的教学、教研团队深入研究并设计了多类创新型题目，如操作类、过程类、背景类、开放性问题等，力求帮助孩子拓宽视野、提升素养，让更多孩子不仅能“学会”知识，还变得“想学”“爱学”“会学”，并最终把“学会”的知识迁移应用到丰富的生活实践中。

在猿辅导的团队中，70% 以上的老师毕业于国内外顶尖名校，如清华大学、北京大学、伦敦大学国王学院等，同时很多老师具备公立学校的教学教研经验。他们熟悉各个学科、学段的知识内容，懂得如何提升孩子的底层学习能力，重视思维训练和学习习惯的培养，持续为孩子提供互动网课、智能练习、能力培养等多元化的教育服务，帮助孩子系统性、高效率地提升知识水平、能力和素养。

此外，猿辅导的团队中超过 30% 的老师同时也是孩子的父母，因此，他们更了解当代父母的需求：即使工作繁忙，也想了解孩子真实的学业水平与学习能力；当孩子学习负担过重时，想给予温暖的支持和正确的引导；面对诸多学习资源，希望能够为孩子选择合适且有效的内容产品……

鉴于此，猿辅导将团队持续研究并总结出来的“大概念新体系”用通俗易懂的语言表述出来，并汇成了《学会学习》这本书。这本书将为读者详细阐述大概念是什么，它为什么如此重要，有哪些方法和策略能够更好地助力孩子领悟大概念的理念，大概念又将如何助力各个学科的学习，进而让孩子终生受益。

新时代，新科技，新理念，新内容。希望各位家长读完这本书后能有所感悟，有所收获。

目录

CONTENTS

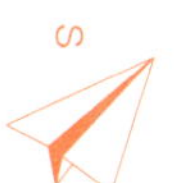

| 第一章 |

借助大概念，让孩子学会学习

| 第二章 |

大概念助力孩子的理科学习

| 第三章 |

大概念助力孩子的语言学习

| 第六章 |

大概念助力孩子的终身成长

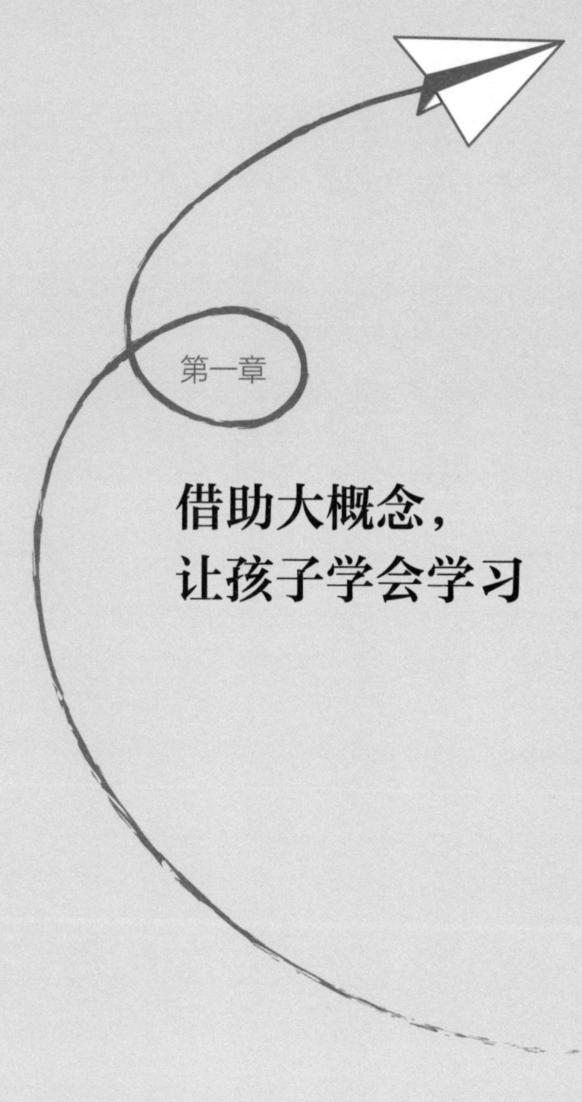

第一章

借助大概念，让孩子学会学习

通过阅读序言，相信各位家长已经意识到，大概念将会直接影响孩子日常学习的方方面面。那么，大家一定想知道，到底什么是大概念，孩子学习大概念有什么益处。下面我们就从孩子非常容易出现且又让家长很头疼的问题出发，来揭示大概念的奥秘。

孩子真的“粗心”吗

计算频繁出错，是孩子在数学学习中最普遍的问题。由于计算本身难度不大，很多家长就将这种现象归因于孩子“马虎”“粗心”，或是孩子平时计算练习做得不够多。然而，真的是这样吗？我们来看下面的例子。

孩子刚开始学习小数加法时，很容易把 0.15+0.2 的加法竖式错误地列成下页左图的形式，从而计算出错。出现问题是因为没有遵循小数加减法竖式中“小数点对齐”的规则。正确的竖式如下页中图所示。

$$\begin{array}{r} 0.15 \\ +\quad 0.2 \\ \hline 0.17 \end{array} \times \qquad \begin{array}{l} \ \ 0.15 \\ +\ 0.2 \\ \hline \ \ 0.35 \end{array} \checkmark \qquad \begin{array}{r} 15 \\ +\quad 2 \\ \hline 17 \end{array} \checkmark$$

根据以往的教学经验，就算老师、家长反复提醒“计算要认真仔细”，甚至让孩子针对“小数点对齐”进行了大量训练，还是有许多孩子会时不时忘了这条规则。究其原因是孩子在之前学习整数的加减法竖式时被要求“末位对齐”（如右上图），形成了强烈的肌肉记忆。这就使得孩子在之后学习小数加减法竖式时，很容易也“末位对齐”，从而导致计算出错，并且难以纠正。

在学完小数加法之后，孩子还会学到分数加法、整式加法、分式加法、根式加法、对数加法、矩阵加法等，它们的具体运算步骤都不尽相同。难道每学一种加法，孩子就需要忘掉之前所学过的规则，针对新的规则重新进行大量训练吗？难道每次在规则上记错、记混，我们都要将其归因于“粗心”吗？

整数加法	末位对齐
小数加法	小数点对齐
分数加法	先通分，分母不变，分子相加
整式、分式、根式加法	合并同类项

对数加法	$\log_a M+\log_a N=\log_a(MN)$
矩阵加法	相同大小的矩阵，对应元素相加
……	……

如果连最基本的加法学起来都如此复杂，那未免也太痛苦了。有没有让学习更轻松一些的方式呢？在各种不同的加法规则和运算方法背后，恰恰隐藏着一个非常重要且基本的问题：什么是加法？可能一些家长会心存疑惑：加法不就是……把两个东西加起来吗？

实际上，加法的本质是合并相同的事物，换言之，不同的事物是不能直接相加的。这也是数学学习中一个非常重要的大概念。

例如，上面提到的整数加法 15+2，5 代表 5 个一，2 代表 2 个一，它们的位值相同，都代表几个一，所以才能相加，得到 7 个一，因此在列竖式的时候，5 要和 2 对齐（如左下图）。如果 2 被随意写在了 1 的下面，1 个十和 2 个一是不能直接相加的，否则就会得出错误的答案（如右下图）。因此，在整数加法中，“末位对齐”的规则只是为了帮助我们快速找到“相同的事物”，并将其合并。

1 5 → 5个一
+ 2 → 2个一
1 7 → 7个一
✓

1个十
1 5
+ 2 → 2个一
3 5
×

类似地，在小数加法 0.15+0.2 中，5 代表 5 个百分之一，2 代表 2 个十分之一，它们的位值不同，不能直接相加（如左图）。而 1 代表 1 个十分之一，与 2 的基本单元相同，当“小数点对齐”时，1 和 2 也对齐了（如右图）。在这里，“小数点对齐”的规则也是为了帮助我们快速找到“相同的事物”，从而直接合并。

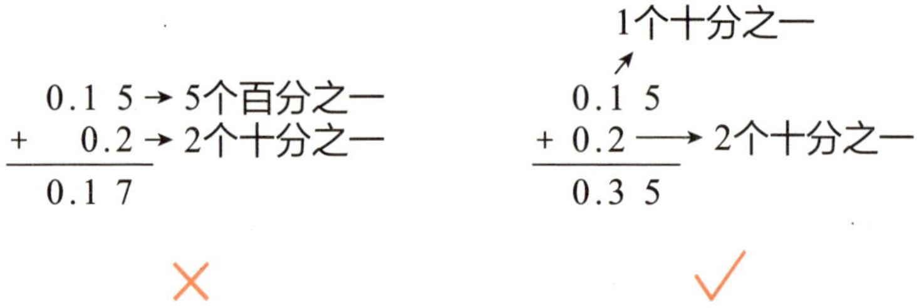

```
  0.1 5 → 5个百分之一
+   0.2 → 2个十分之一
-------
  0.1 7
    ×
```

```
   1个十分之一
   ↗
  0.1 5
+ 0.2 ——→ 2个十分之一
-------
  0.3 5
    √
```

可见，无论是“末位对齐”还是“小数点对齐”，它们都只是具体运算中的操作步骤。这些看似完全不同的步骤，背后的原理都是加法的本质——合并相同的事物。如果孩子没有领悟这个本质，他就只能去记忆在不同场景下纷繁复杂的规则，就算一时记住了也很容易遗忘，因而也就很容易“粗心”了。相对地，如果在学习加法的过程中，孩子逐渐领悟了加法的本质，那他就能很快理解这些步骤背后的原理，即使日后他忘记了详细的规则，也能根据加法的本质推演出正确的操作步骤。

没有哪个孩子想故意“粗心”，他只是需要习得知识的本质。

什么是大概念

刚刚提到的加法的本质有什么依据吗？数学中有多少这样的“本质”呢？其他学科存在这样的“本质”吗？这些问题已被教育学术界研究了几十年，并有了非常成熟的研究成果。既然是学界多年的研究成果，那就很难用一两句话解释清楚，但只要你耐心读下去，一定会对孩子的学科学习拥有更深刻的认识。

大概念的定义

到底什么是大概念？几十年来，许多学者都针对大概念从不同维度进行了研究。

美国教育心理学家杰罗姆·布鲁纳（Jerome S. Bruner）在《教育过程》中写道：“不论我们选教什么学科，务必使学生理解学科的基本结构。”这种学科的“基本结构”，在后续的研究中就体现为学科“大概念”。

哈佛大学教育学博士格兰特·威金斯（Grant Wiggins）和美国马里兰州评估委员会主任杰伊·麦克泰格（Jay McTighe）在《追求理解的教学设计》一书中写道：“大概念是学科的‘核心’，是学科领域最精华、最有价值的内容。它们需要被揭示，因此我们必须深入探究，直到抓住这个核心。抓不住关键思想以及不能将大概念与相关的知识‘联系起来’，留给我们的就只是一些零碎的、无用的知识，不能起到任何作用。”

书中还举了一个特别形象的例子：“大概念就像‘车辖’，有了车辖，车轮等零部件才能组装起来，否则只能散落一地，毫无用处。”

简而言之，大概念（Big Idea）是具体知识背后更为本质、更为核心的思想或看法。它是对概念间关系的表述，能将众多的学科知识点串成一个连贯的整体。具体来说：

“大”：英文是“big”，其内涵不是数量更多、范围更广，而是处于核心地位；

“概念”：英文是“idea”（中文直译为“观点”），而非“concept”（中文直译为“概念”）。所以，这里的“大概念”可以是概念，但不局限于概念，也包括原理和观念。

大概念并不是传统意义上的学科知识概念，甚至不是一个名词，而是相对稳定的、反映学科本质的、具有统领性的观点。加法的本质是合并相同的事物，就是数学学科中的一个大概念。除此之外，语文、生物、化学、地理甚至艺术，每个学科都有自己的大概念，例如：

语文：散文中的客观事物是作者寄托情感和态度的载体。

生物：生命体以细胞为基础构成，并具有一定的生命周期。

化学：物质的组成结构决定物质的性质。

地理：一个地区的地理、气候和自然资源会影响当地居民的经济和生活形态。

艺术：舞蹈是一种结合姿态、空间、时间和力量的语言，可以传达想法和情感。

这些看起来是不是都很有道理，却又毫不相干？实际上，仔细观察可知，这些大概念的条目都有一些共同的特点。

大概念的特点

第一，重本质核心。

上面的这些大概念，都处于对应学科中非常核心而重要的位置，它们体现了各自的学科本质。如果把每一个学科比作一棵大树，那大概念就是深埋于地下的树根。当然，要理解这些学科本质不是一蹴而就的，而是需要多个实际案例的支持，并亲身经历知识产生的过程，这是真正理解知识本质的途径。例如，上面提到的“散文中的客观事物是作者寄托情感和态度的载体”，就需要学生阅读多篇散文，有了足够多的积累和理解作为支撑，才能真正领会。

第二，结构网络化。

在第一点的基础上，大概念把学科中看起来零散、孤立的一个个事实，关联成了一整个知识模块，使得知识更加有结构。这里的“结构”并非类似于树形图中的简单父子层级，而是更趋近于大脑中神经元之间错综复杂的网状结构。举个例子，孩子在学习数学的过程中，经常会用到一些数学思想，如代数、等价、比较、建模等，由于一个数学思想可以应用于多个知识点中，因此它们之间不全是一对一的关系，更多的是一对多，甚至多对多的关系，而知识点与知识点之间也存在着千丝万缕的联系。其实，这些数学思想就可以被总结为一个个大概念，而这种复杂的对应关系就是大概念网状结构最直接的呈现。

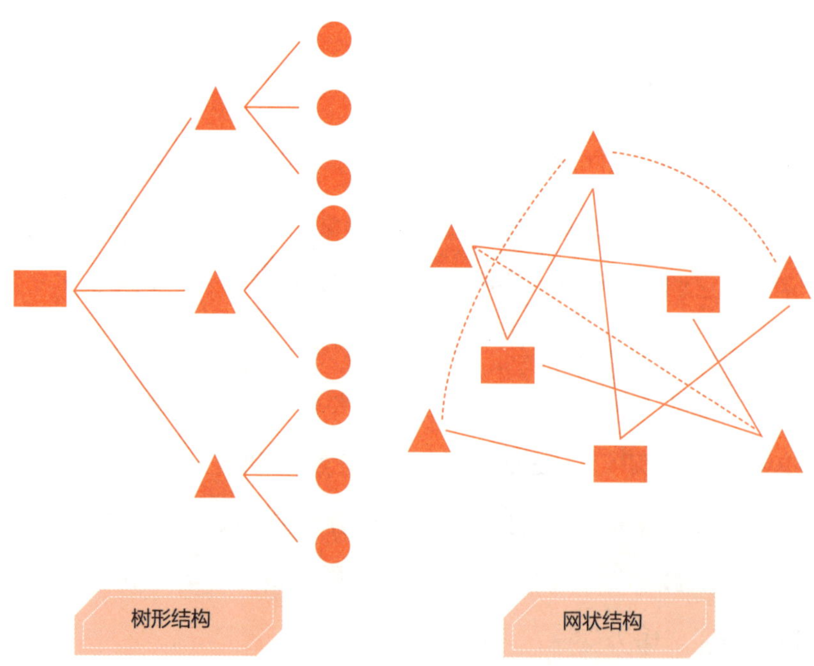

第三，高通路迁移。

这些大概念都可以迁移到新的问题和情境中去，也就是我们常说的“举一反三”。比如，在学习区域地理时，我们会学习国内外许多区域的风土人情。在许多学生看来，这些知识可能是毫无关联的，只能死记硬背；但只要我们领悟了“一个地区的地理、气候和自然资源会影响当地居民的经济和生活形态”这个大概念，学会如何从地理位置、气候条件和自然资源等角度入手进行区域分析，那么不管是研究非洲还是东南亚，我们都能手到擒来。需要注意的是，此处所说的“迁移”，指的不是从一道题目到另一道类似题目的知识迁移（低通路迁移），而是可以从一个个具体的实例中抽象出大概念，并迁移至高度不相似的现实世界场景（高通路迁移），也就是我们经常所说的“创新”。

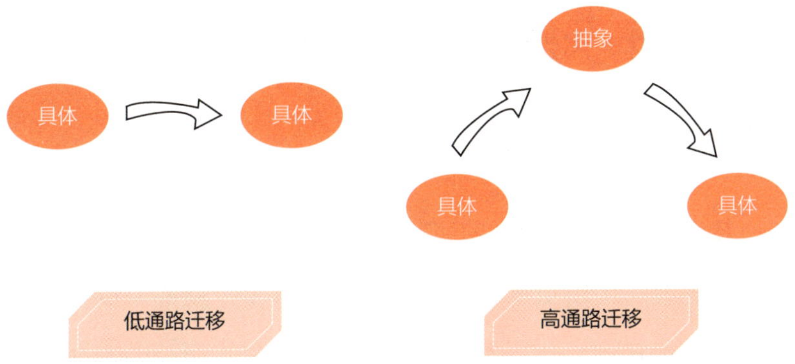

最后，这些大概念可以长期留在脑中。孩子长大后，也许不再记得当时学过的一个个具体的知识点，但他依旧能够借

助这些大概念来分析生活中的事件和现象。领悟了这些大概念，孩子将受益一生。

孩子学习大概念有什么收获

看到这里，你是不是有点明白大概念是什么了？大概念比具体的一个个知识点更核心、更抽象，它能把零散的知识点关联成有结构的知识模块，在学科内甚至不同学科之间进行迁移应用，而结构性更强，自然就会记得更牢、更扎实。

曾经，你可能抱怨过孩子“学习很被动，不积极”“做题粗心，不仔细”“年级越高，欠债越多”；而孩子一旦学习了大概念，就能够理解知识本质、构建知识体系，拥有“会学习”的能力，由此上述这些问题便能迎刃而解。一言以蔽之，“学本质，会学习”就是学习了大概念之后的收获。如果你还觉得不够具体，那我们继续来看下面的几个例子。

数学中的大概念

基于大概念体系进行数学学习之后，孩子最直接的表现就是学得更快、记得更牢。回顾本章开头关于“粗心”的例子，我们可以得知，实际上这并非孩子有意为之，而是由于缺乏大概念的引领，要记忆的琐碎知识点太多，因此很难保证不出错；一旦出错并归因于“没记住”时，孩子就会通过大量低效的反复练习来弥补漏洞。相反，如果孩子领悟了加法的本质，就像拥有了一根串珠子的线，把散落一地的计算步骤用大概念串在了一起，这样孩子就能强烈地感受到知识的结构性，自然就记得更牢了。此时孩子不再需要重复、机械的训练，而是借助大概念，实现融会贯通。

由此，领悟了加法本质的孩子，在学习了整数加法、小数加法之后，升入更高的年级学习分数加法时，就不会再像一只雏鸟一样，等着老师来喂养知识，而是能够基于大概念自主尝试解决问题。

在计算 $\frac{1}{2}+\frac{1}{3}$ 时，最常见的错误是直接生搬硬套整数加法，把分母和分母、分子和分子直接相加，得到 $\frac{2}{5}$。

$$\frac{1}{2}+\frac{1}{3}=\frac{2}{5}$$

×

如果孩子领悟了加法的本质——合并相同的事物，那孩子会如何思考呢?

$\frac{1}{2}$ 是把一个整体平均分为两份取其中一份，$\frac{1}{3}$ 是把一个整体平均分为三份取其中一份，它们平均分的份数不同，每份的大小不一样，不是“相同的事物”，不能直接相加。（如下页左上图）

那么，有什么办法把 $\frac{1}{2}$ 和 $\frac{1}{3}$ 转化为“相同的事物”呢？如果都是把一个整体分成同样的份数，那就好办了。而分成同样份数的特征就是分母相同，如此就可以联想到刚刚学过的通分，把$\frac{1}{2}$和$\frac{1}{3}$通分成$\frac{3}{6}$和$\frac{2}{6}$（如右上图），即都是把一个整体平均分为六份，一个是取三份，一个是取两份，这样就可以直接相加了（如居中图）。

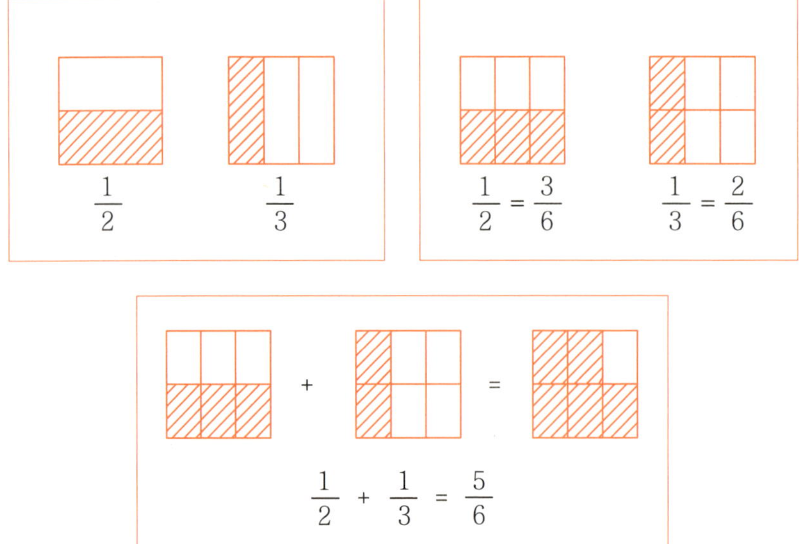

通过上面的例子，相信你会感觉到不可思议：孩子的思考过程居然与数学课本上的过程类似，而且能够推导并得出结论！古语有云：授人以鱼，不如授人以渔。如果说“先通分，再相加”是一条确定性的结论，是“鱼”的话，那么“合并相同的事物”就是这个结论背后的本质，是“渔”。孩子领悟了加法的大概念之后，不仅会减轻记忆的负担，在遇到新的问题和情境时，还能从大概念出发，尝试寻找新的思路和方法。这样的思考过程，就像一个专家在思考问题，也就是“专家思维”。大概念可以让孩子在得出“专家结论”的同时，习得“专家思维”。

此外，从习惯的角度来看，孩子通过“学本质”，做到了“会学习”，由此学习就能够更主动，这也是家长一直期望的。在大概念的引领下，即便是基础的分数加法，也能培养孩子的学习能力。

语文中的大概念

通过前文的示例，相信你已经体会到大概念在数学学科中的作用了。那么，在语文学科中，学习大概念是如何让孩子“学本质，会学习”的呢？我们来看下面的例子。

在一年级的语文课上，孩子会学习《静夜思》这首诗。

静夜思

［唐］李白

床前明月光，疑是地上霜。

举头望明月，低头思故乡。

在赏析这首诗的后两句“举头望明月，低头思故乡”时，老师通常会说：前一句“望明月”对应后一句“思故乡”，李白在这首诗中通过月亮来寄托自己的思乡之情。于是，孩子记住了：月亮可以用来表达诗人的思乡之情。

孩子升入四年级后，会学习《出塞》这首诗。

出塞

［唐］王昌龄

秦时明月汉时关，万里长征人未还。
但使龙城飞将在，不教胡马度阴山。

读完第一句“秦时明月汉时关”后，孩子可能会想：这个我知道，这里诗人是想表达思乡之情。可老师告诉孩子，这是一首感叹战争不断、期待边境安定的边塞诗。诗人借用秦汉时的明月和雄关来证明千百年来战乱不断，而不仅仅是借助明月抒发自己的思乡之情。于是，孩子又记住了：月亮还能用来寄托边人的悲愁。

有了前面数学大概念的经验，读到这儿的你，是不是隐隐觉得好像哪里不太对？如果我们只是就着诗歌中一个个不同的“月亮”来学“月亮”，那么每一个不同的“月亮”对于孩子来说都是一个新的知识点，怎么可能记得过来呢？

实际上，这些不同的“月亮”背后，蕴含着语文学科中的一个大概念：写作表达主观情感时，可以借助于描写客观事物。

通过素材的积累，对这个大概念的感知持续加深后，孩子就能够领悟：对于诗歌中的意象而言，通常诗人不仅仅是描写事物本身，还要表达主观情感。因此，在学习诗歌的过程中，孩子不能只是孤立地记忆每首诗中“月亮”代表了什么，还应该通过翻译诗歌，学会分析诗人想表达何种情感，明白诗人的所思所想。“一切景语皆情语”，那诗人描写的客观事物自然是为抒发这份情感而服务的。

孩子进入初中后，会学到鲁迅先生的一篇经典文章《从百草园到三味书屋》。如果能秉持着上面提及的大概念进行学习，当读到“不必说碧绿的菜畦，光滑的石井栏，高大的皂荚树，紫红的桑葚”时，孩子就会开始思考：这里鲁迅先生应该不只是想说菜畦有多绿、石井栏有多滑吧？作者是不是想借助这些环境描写表达个人的某种情感呢？通读全文之后，孩子就能意识到，鲁迅先生对百草园中的景物进行多层次、多角度的描写，是想抒发自己对百草园这个童年乐园的热爱之情。

你看，当孩子领悟了描写客观事物的大概念之后，他就能有的放矢地训练自己分析作者想表达何种情感的能力，而不再死记硬背每篇课文笔记里的固定结论。这样，孩子才能不断提升自己的思维能力与鉴赏品位，让语文学习越来越轻松，而不是越背越繁重。

英语中的大概念

在英文的学习中，我们也可以通过提炼英语语言的大概念，帮助学生“学本质，会学习”。通过下面的对比，我们来感受一下。

中国文化含蓄委婉，因此我们在表达时重心大多放在句子的后半部分，例如“上周星期天的早上，我和我的伙伴们一起去了公园”，先交代修饰内容，后半句是陈述的重点。当我们用英语来表达这句话时，就会变成“I went to the park with my friends last Sunday morning”，重点放在前面，背景、时间等修饰内容会在重点之后交代。

之所以会有这样的区别，是因为中文在历史文化的发展过程中受到儒家思想的深刻影响，而英语语言发展的文化背景与中文是不同的，由此造成了语言背后本质上的差异。

总而言之，如果说中文的本质是“含蓄性”，那么英文的本质就是“直接性”。

当我们领悟到英文的“直接性”这一本质后，对于英语的语言结构，我们会有更加深刻的体会。例如，英语中的特殊疑问句，往往是特殊疑问词先行，直接表明提问的意图：

英文	中文
What is your name?	你的名字是什么?
Where do you come from?	你来自哪里?
When is your birthday?	你的生日是什么时候?
Which season do you like best?	你最喜欢哪个季节?
Why do you like autumn?	你为什么喜欢秋天?
Who is that man?	那位男士是谁?

显然，英语语言的“直接性”在特殊疑问句中得到了非常

直观的体现。同样，英语的一般疑问句也具有直接的特点。例如“Are you a student?”（你是一名学生吗？），这个一般疑问句是由陈述句“You are a student.（你是一名学生。）”将be动词are（在陈述句中的含义为“是”）提前到句首而得来的。现在探讨的问题是“你是不是一名学生”，那么“are（是）”自然成为这个一般疑问句中最重要的部分，因此提到句首，直截了当地表明该问句的目的。

通过这两类疑问句，大家是不是能感觉到英语语言“直接性”的本质了？领悟了这一特性后，孩子就能以更高的视角来看待英语语言，也能更深入地理解很多英语语法的结构特点。

跨学科大概念

除了存在于具体的单一学科中，大概念还能被进一步提炼，并应用于跨学科领域中。例如，前文提到的语文中的“写作表达主观情感时，可以借助描写客观事物”这条大概念，就能进一步提炼升华为一条跨学科大概念，即“中国传统文化和审美都具有含蓄性的特点”。

在诗歌和散文中，作者都很少直抒胸臆，而是借助各种意象或环境描写来寄托情感，这就是这条跨学科大概念在文学中的体现。

在中国的传统建筑中，经常能看到用照壁遮盖住主体建筑的设计，这体现了中国传统建筑“含蓄性”的特点。

另外，如果孩子领悟了中国传统文化和审美中的含蓄性，当他再看到中国传统绘画——水墨画中的大量留白时，他一定不会认为这是画家在浪费纸张了。画家用画面中的适当留白使画面更加空灵，并充溢着广阔无垠的空间感。“画有尽而意无穷”，这也体现了中国传统绘画中的“含蓄性”。

从中国传统文学到传统建筑、传统绘画，只要孩子领悟了其中“含蓄性”的本质，在看待许许多多中国的传统文化艺术时，他就会拥有一个全新的视角。从此，孩子不再孤立地看待每一种艺术形式，而是能够做到触类旁通，举一反三。由此可见，在跨学科的维度上，基于大概念进行学习也能让孩子通过“学本质”实现“会学习”。

那么，我们为什么要上升到跨学科大概念这样的层次呢？因为孩子在将来会遇到的很多实际问题，不是只凭借一个学科的知识就能解决的，而且也不会有老师告诉孩子，这个时候该

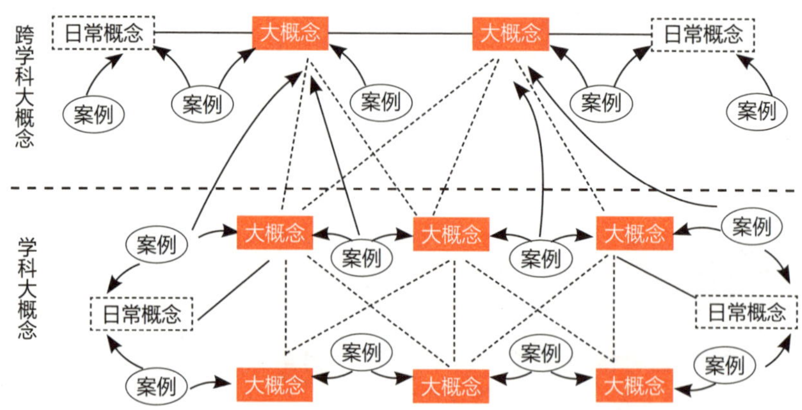

用数学知识了，那个时候该用语文知识了。只有将一个个具体的知识融会贯通，领悟了跨学科大概念，孩子在日后才能更顺利、更清晰地解决各种实际问题。

在领悟大概念的过程中，我们如果只是把它当作传统意义上解题的技巧来进行学习，那实在是浪费了大概念所蕴含的巨大价值。实际上，大概念体系对孩子的影响，绝不仅仅是记住了一条条孤立的概念，而是一整套思维方式的培养。通过理解知识本质、构建知识体系，孩子能够逐渐具备“会学习”的能力，从而尝试自己提炼出所学知识的大概念，这样才能让自身的知识体系不断生长。

当孩子离开学校步入社会的时候，曾经学过的一个个知识点他可能已经遗忘了，但大概念带给他的底层学习能力却能帮助他解决工作、生活中遇到的各种问题。在当今不断变化的社会环境中，没有什么知识是一成不变的，只有孩子的底层核心能力能让他无惧变化，成为时代的弄潮儿。

大概念对考试有帮助吗

根据前面的论述，相信各位家长已经初步领悟了什么是大概念，也知道了孩子学习大概念会有什么收获。但你心里可能还是会犯嘀咕：学习了大概念，对学校的考试有帮助吗？就算有帮助，大概念能和那些解题技巧一样，让孩子的考试成绩快速提高吗？

我们十分理解为什么家长会有这样的疑虑。以往的考试，更多是程式化、套路化的。例如，数学只要勤练计算，多刷题，记住常见题型的解题思路，会用几个解题技巧，就能考出好成绩；语文只要能把课本上该背的背了，该默写的默写了，再记住几个阅读题的答题技巧，就能取得不错的分数。

如今的考试却没这么容易了。最新的《义务教育数学课程标准（2022年版）》对考查方式及考试题目均有了新的规定。其中，针对考查方式，要求“评价方式应包括书面测验、口头测验、活动报告、课堂观察、课后访谈、课内外作业、成长记录等，可以采用线上线下相结合的方式”，考查维度更加多元。另外，针对考试题目，在题目占比上，要求“客观题分值要低于主观题分值”“着重减少单纯考查技能熟练性的题目”“适当提高应用性、探究性和综合性试题的比例”；在题目内容上，要求“题目设置要注重创设真实情境，提出有意义的问题”“主观题要探索命制问题解决及多学科融合类试题，试卷呈现避免套路化”。由此可见，以往针对考试的刷题、突击式学习将不再适用，如今的考试将会实实在在地考查孩子们的“真本事”。

接下来，我们就从考查方式、考试题目这两方面分别阐述当今考试的变化，而大概念又将如何帮助孩子应对当下及未来的考试。

考查方式的变化

随着课程改革，越来越多的学校开始逐渐探索新的学业评估方式。北京东城区培新小学一、二年级的学生，自2015年起就已告别纸笔统一测试，逐渐将期末对低年级孩子的评价从“乐考”改革成为“学业展示”活动，并一直探索至今。例如，学校会在礼堂举办“逛庙会”“乐游园”的活动，对孩子一学期所学的知识进行综合评价。可以说，这种方式在真情实景中考查了孩子的综合素养。

学校将4个孩子分为一个小组，给出时间表、地图，让他们自己设计游园时间、游园路线和每个项目的停留时长，这可以考查他们读图、认字的能力，还能检验认识钟表等数学知识，又能提升规划能力和团队协作能力。在小吃摊前，孩子们读懂食物的介绍才能吃到小吃；在宫灯展区则要背一首宫灯上的古诗词……

孩子们还各自站上讲台，围绕着自己准备的简单幻灯片或画面进行介绍，有的还分成小组，一起上台展示学习成果。

对于学业展示的标准，各学科均有大纲，老师会在活动中考查对应的能力点，设置表格并根据评价标准打分评星，同时会形成学业展示评价单反馈给家长，帮助家长了解孩子一学期的学习情况。

丰富多变的考查形式，也对孩子的实践应用能力和跨学科综合能力提出了更高的要求，而孩子基于大概念体系进行学习，可以触及知识的本质，不仅能“知其然”，还能“知其所以然”。在理解了知识背后的原理之后，孩子才能把所学的知识迁移应用到新的场景中去。

考试题目的变化

当升入更高的年级时，孩子会面临不同阶段的学业水平考试。在这些考试中，为响应新课标的要求，无论是题目占比还是题目内容，都在悄然发生变化。下面是北京市海淀区三年级数学期末考试中的一道题。

探究与发现

在比较16×4和14×6谁大谁小时，同学们进行了一些研究。

（1）你觉得笑笑的想法对吗？在（　　）里画“√”或“×”。

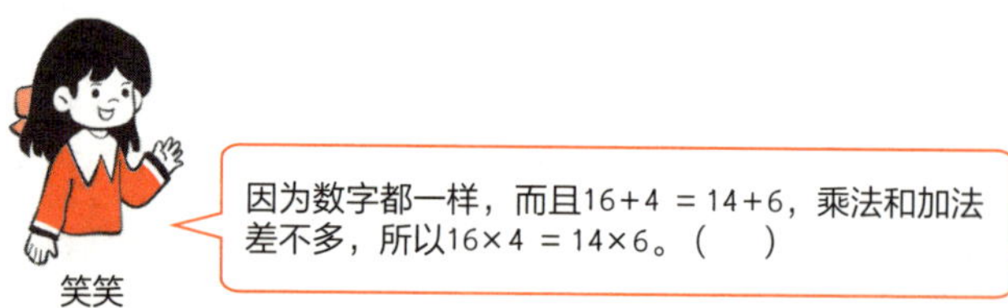

（2）奇思用竖式检验了笑笑的想法，请你先完成竖式，再把奇思的发现补充完整。

$$\begin{array}{r} 16 \\ \times\ \ 4 \\ \hline \end{array} \qquad \begin{array}{r} 14 \\ \times\ \ 6 \\ \hline \end{array}$$

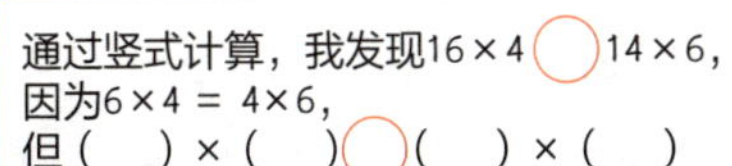

（3）受奇思的启发，淘气按照竖式的原理在点子图中圈了圈，也找到了答案。你知道淘气是怎么圈的吗？请你在下面的点子图中圈一圈，并标出每一部分算的是什么。

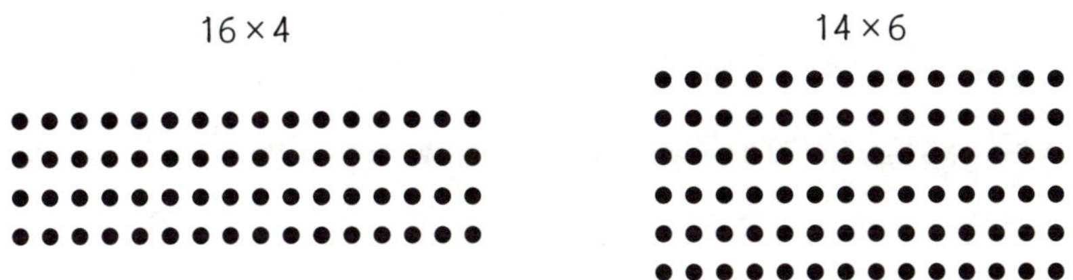

（4）经过上面的探究活动，你一定有所发现，运用这些发现，先在○里填上“>”或“<”，再自己写出一组这样的算式。

27×3 ◯ 23×7　　（　）×（　）◯（　）×（　）

这道三年级数学考试题要探究的内容并不复杂：比较16×4 和 14×6 的大小。但从篇幅来看，是不是堪比语文阅读题？孩子在平常的练习中很难遇到这种创新型题目，只有充分运用自己对基本概念、性质、原理的深刻理解，才能在题目给出的新情境中解决问题。

第一问比较简单——只要理解乘法是多个相同的加数相

加，孩子就能明白这完全是两组不同的算式，笑笑的想法不对。

从第二问开始，问题层层递进——从竖式计算的过程中，探索比较两个算式结果大小的方法。想要做对这一问，只会单纯列式计算结果是不够的，孩子必须对竖式中每个数位所代表的含义一清二楚。如果把十位上的 1 照抄到右侧，写成“$1\times4<1\times6$”，那就说明孩子对十进制的理解还不够深刻。

第三问更加有趣——把竖式中的原理用图形化的方式表示出来。题中所用的点子图，是理解乘法运算原理的重要工具，孩子在学习多位数乘一位数时需要结合点子图，直观地体会每一步运算与实际情境的对应关系。因此，即便孩子能够通过竖式直接算出结果，可要是不理解它背后的含义，也很难做对这一问。

第四问是这道题的点睛之笔——借助上述探究活动的经验，先比较一组算式的大小，再自己写出一组这样的算式。这一问真正考查了底层能力，孩子需要先从前几问中总结出一套探究方法，再迁移应用到一组新算式中，最终创造出可以用这个方法解决的新问题。从多角度理解到迁移应用再到独立创造，题目在一步步考查孩子更高阶的思维。

纵观整道题，并无一处需要用到课本以外的知识，但孩子想要得分并不容易，想得满分就更加困难。题目中的每一问，都在探查孩子是否真正理解了两位数乘一位数的计算原理，而这正是当前考题的趋势和重点——更加偏向考查对计算原理的理解。面对这样的新考法，如果你还觉得“得计算者得数学”，从而让孩子大量练习口算、计算，那只能是南辕北辙。在计算结果正确的基础上，孩子还要理解计算过程中每一步的意义，同时把计算方法灵活运用到新的问题情境中去。

这种高阶思维很难从低层次的反复刷题中习得，而基于大概念的理念进行学习，能够让孩子真正做到理解本质、构建体系，从而让孩子更加从容地面对以上问题。

另外，在以往的考试中，很多问题的情境往往是为了知识点“制造”出来的，这样的“伪情境”在某种程度上只是一种包装，学生一眼看到的只是某个知识点。而当下的考试命题，越来越接近真实的情境。

请你在下列情境中选择其中一个，用自己新学的本领来帮助他或她。

情境一：A是小区的物业人员，小区的住户都非常讲究公共空间的消毒。请你帮她设计一份张贴在电梯间的告居民书，既可以每日告知居民电梯及公共区域的消毒情况，又不用每天全部重写。

情境二：B是一家小饭馆的老板，他的小饭馆即将开业。除了他自己当主厨、他的妻子当收银员，店里还需要一些人来帮忙。请你帮他设计一份招聘海报，招聘一些店员，让他新开张的饭馆红火起来。

情境三：C是一家医院的工作人员，他们医院收到了一些医用物资。请你帮他在微博上发布一封公开表扬信，感谢王某给医院捐赠的2000套防护服和1万只医用口罩。

情境四：D马上要结婚了，请你帮她设计一份婚礼邀请函，请宾客们于2023年10月10日18:00到某酒店来参加她的婚礼，一起分享她的喜悦。

这道题涉及“告居民书”“招聘海报”“微博公开表扬信”“婚礼邀请函”，这些都是在课堂上老师没有讲过的应用文，它们来自现实世界，需要孩子有较好的迁移能力，把书本上的“留言条”“通知”“日记”等其他扩展性材料作为案例，充分理解应用文的大概念，并运用到新的情境中。而这样的题目也非常符合大概念的一个特点：让知识更加具有生活价值。

为什么孩子一定要学习大概念

有的家长可能认为，自己的孩子学习能力强，不需要“舍近求远”去学习大概念，直接练习更复杂的习题会更有效；还有的家长认为，我的孩子学习能力欠佳，并不适合学习这么抽象的大概念。实际上，大概念既然能被写入课程标准，那就说明它对所有学生都适用。基于大概念理念的学习并不是直接让孩子学习一条条抽象的大概念，而是基于大概念重新组织学习内容，让孩子掌握各个学科的体系结构，理解学科背后的知识本质，能够以学科思维进行思考，最终解决现实世界中的真实问题。具体来说，基于大概念理念的学习有以下三个特点：

首先，孩子要能够通过学习在脑中搭建思维结构，而不是学习零散的知识本身。孩子应该围绕着知识本质进行学习，学习的内容之间应该是相关联的，进而在脑中形成知识的框架结构。如果只是学习零散的知识点，孩子自然很容易遗忘。

对于学习能力强的孩子而言，在低年级知识密度较小时，还能通过记忆力强行记住零散的知识和考题类型。随着年级升高，知识密度迅速增大时，孩子的记忆力便不堪重负，难以记住如此多零碎的知识点，从而成绩开始下滑。此时的成绩下滑通常被归因于练习不够，而一味刷题只会进一步加重孩子的记忆负担，导致恶性循环。反之，当孩子能够将零碎的知识形成有关联的体系结构之后，记忆负担就会大大降低，孩子就能更快速地掌握新知识。

对于学习能力欠佳的孩子而言，如果只是一味学习浅层知识，那孩子永远只能落于人后，学习能力也无法提升。只有不断深化对知识本质的理解，在大脑中形成知识的结构，孩子才能更加牢固地掌握学科知识，从而迎头赶上。

其次，学习要连接真实生活，而不能脱离生活实际。孩子应该在真实的生活情境中学习知识，了解所学知识的生活背景，并知道如何利用所学来解决现实问题。脱离了生活实际，学习就变成了书本中的枯燥训练，即使孩子通过训练能够做对题目，最终也很难应对真实世界的挑战。

对于学习能力强的孩子而言，答对常规类型的题目确实不难。然而，一旦题目变得灵活，而孩子又缺乏运用所学知识解决真实问题的经验，那他就会感到无从下手（如“考试题目的变化”中的例子）。此时，在真实情境中进行学习的重要性就凸显出来了。另外，在真实情境中进行学习，还有助于孩子理解知识之间的联系，学会灵活运用不同模块的知识，协同解决问题。

学习能力欠佳的孩子，通常缺乏学习兴趣；相对地，结合生活情境进行学习，能够激发学习兴趣，让孩子了解到知识是从何而来，又是用到何处的，从而提高孩子的学习动力。在真实而丰富的情境中，抽象的知识会变得具体而生动，孩子在更容易理解的同时，也能反复运用，从而在不知不觉中掌握知识。

最后，要让孩子“学会学习”，实现学习能力的迁移和生长，而不能亦步亦趋。孩子应该在每次的探索实践中，培养学科思维和底层能力，掌握相应学科的研究方法。当面对陌生情境中的新问题时，孩子要能够借助自己的知识结构，尝试分析并解决问题。暂且不论孩子学习能力的强弱，如果在每次学习的过程中他只是被动接受，无法将知识迁移应用，那他所学的知识就永远只能停留在课本上，而不能解决灵活变化的真实问题。

在后续的章节中，我们将对各个学科进行详细阐述，如何让孩子在丰富的真实情境中掌握搭建思维结构的能力，实现知识的迁移、生长，从而对孩子的学习有所助益。接下来，我们就从让许多孩子都非常头疼的数学和科学学习开始。

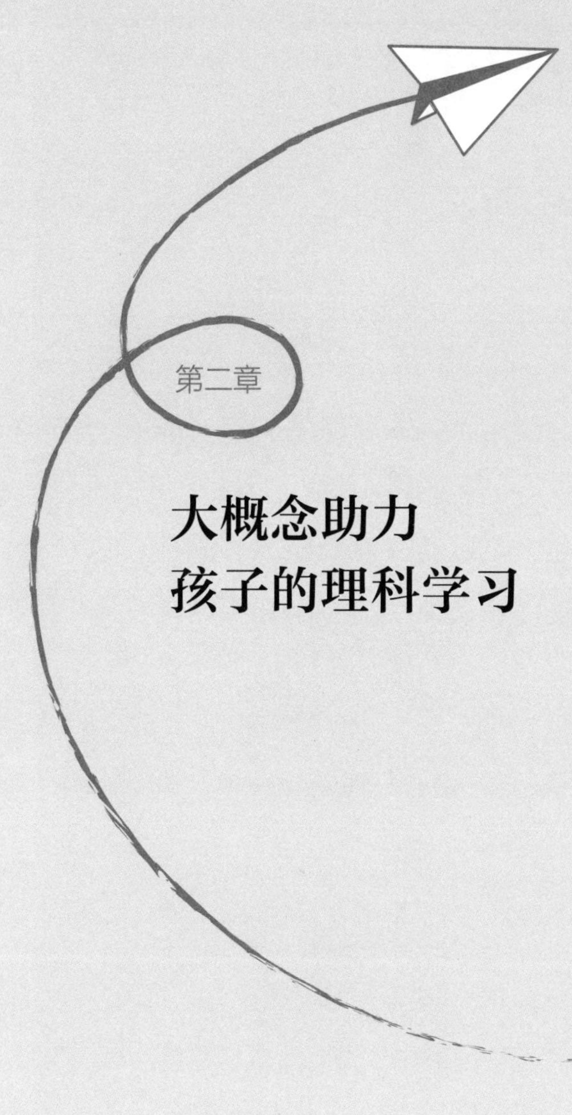

第二章

大概念助力孩子的理科学习

俗话说“学好数理化，走遍天下都不怕”，然而，谈起孩子的理科学习，很多家长都非常头疼。孩子之所以在学习理科时会遇到困难，是因为这些学科有着非常庞大的知识体系，不仅需要抽象思维，而且各个知识点关联性高，逻辑严密，环环相扣。一旦思维能力的提升跟不上知识难度的增加，孩子就会出现“越学越难”“越学越差”的现象。

当孩子的理科学习出现问题时，许多家长往往会采取刷题等高强度练习的方式来应对。他们认为孩子在考试中出错，一定是题做得还不够多，其实这样的想法存在两个误区：其一，

题目是永远刷不完的，盲目刷题更是效率低下的学习方法，这就像药不对症，吃再多的药也无法治愈疾病；其二，在低效做题的过程中，孩子很容易丧失对理科学习的兴趣，把理科学习等同于刷题。

实际上，孩子如果想要克服理科学习中的困难，就一定要在理解学科大概念的基础上，掌握知识的本质，并找到多个知识之间的关联，从而搭建起知识体系；另外，在丰富的真实情境中应用所学知识，这样才能深化对知识的理解，实现迁移应用。

接下来，我们就从数学和科学学习的常见问题入手，看看大概念是如何助力孩子的理科学习的。

大概念如何助力孩子的数学学习

计算如何练才能既有效又高效

计算是许多孩子在数学学习中第一个难以跨越的坎儿。一旦孩子的计算出现问题，家长就会布置大量的基础计算练习，但这样的练习往往是事倍功半，甚至还会打击孩子学习数学的积极性。如果计算速度不快，确实要辅以适量的练习予以提升；但如果计算准确度不高，很多时候并不是缘于简单的粗心，也不是训练量不够，而是没有理解算法背后的算理。

在计算中，计数单位是一个很重要的大概念，对应于小学阶段的整数和小数运算则是十进制计数法。孩子在认识数、学习四则运算的过程中，只有不断体会并最终掌握“满十进一”的规则，才能在列竖式计算的同时，理解竖式中每一步的具体含义。在实际考试中，题目也越来越注重对算法背后算理的考查，而不单单是要求孩子计算出正确的结果。

如图，计算18×3时，箭头所指的这一步实际计算的是（　）。

```
    1 8
 ×    3
 ------
    2 4
    3     ←
 ------
    5 4
```

A. 18×3　　B. 1×3　　C. 10×3

看到这道题的竖式后，各位家长是否会认为，两位数乘一位数的结果只需要写一行，这道题的竖式列错了，从而感觉题目出错了？实际上，一些只关注结果、不关注过程的孩子，也会有这样的疑问。然而，这都是思维惯性在作祟：我们最终记住的列竖式的方法，只是竖式最简单的呈现形式，而这道题的竖式过程恰恰是最简形式的得出过程。

本题没有让孩子列式计算 18 × 3 的结果，而是问在列式过程中某一步的具体含义。孩子如果没有经过深入思考，很可能会选择错误选项 B，这是因为他没有理解这一步计算的含义：箭头所指的 3，是由第一个乘数十位上的 1 与第二个乘数 3 相乘得到的，代表的是 1 个十与 3 相乘，也就是 10×3。基于计数单位，理解了每一步的含义，孩子自然就不容易出错了。即使题目换了形式，比如利用横式、点子图等考查这一点时，孩子也都能应对自如。

在日常计算都可以交给智能工具的信息时代，孩子学习加减乘除肯定不是为了单纯的竖式计算，而是要学会在特定的情境中选择合适的计算方法。

为了普及冰雪运动，学校组织二年级的学生去滑冰，其中二（1）班有35名学生，每名学生需要一个头盔。下面这些头盔够分吗？

（1）上面4名学生的做法正确吗？在正确做法的下面画“√”。

（2）请选择一个你认为正确的做法，并说说他（她）的思考过程。

这道题并没有直接让孩子判断头盔的数量是否够，而是给出了 4 名学生的做法，让孩子判断谁的做法正确。实际上，判断“不够”的三种做法都是正确的，它们是对于头盔数量三种不同的计算方法：我们可以按列去数，也可以按行去数，还可以先“凑个整”，看成完整的 6 行 6 列，再减去缺少的部分。进一步，题目还要求孩子不仅有思考，还要将思考过程写出来。

面对这样的题目，只会计算结果显然不够。孩子需要基于对乘法意义的理解，在具体的情境中灵活运用多种算法，再用简练的文字表达出来。只有在学习过程中拥有丰富的情境经验，孩子才能在面对此类问题时将所学知识进行迁移，进而解决问题。

从上述分析中可以看出，单纯练习计算只能有限地提升计算熟练度，并不能解决所有的计算问题。在孩子学习计算时，相比催孩子多做几页计算题，家长不如多问问计算中每一步的含义和原因，比如，为什么竖式要这样计算，每一步的含义是什么，能否运用多种形式表示出运算的算理。同时，在日常的生活情境中，家长可以引导孩子借助所学知识解决多种多样的问题，这对提高孩子的运算能力大有助益。

背公式、记套路就能搞定应用题吗

在数学学习中，除了计算，应用题也是孩子经常容易出错的部分。在辅导孩子解决应用题时，许多家长非常头疼：题目明明很简单，但孩子就是不会做，或是把题目中的数，不论加减乘除，一通乱算。此时，一些家长就会“病急乱投医”，让孩子背公式、记套路，比如看到“一共”就用加法，看到“多”或“少”就用减法，看到价格就是“单价乘数量等于总价”。可是，只记住这些就能解决所有问题吗?

当一道应用题只需要一步计算时，方法比较单一；当计算步骤增加时，方法就变得相对灵活多样。在教育改革的趋势下，一些题目也会提出能够启发学生从不同角度思考问题的“非常规”的方法。此时，要做到让孩子“见过所有方法”显然不切实际，而最重要的其实是引导孩子将自己学过的知识迁移应用到新的方法中。

买3本同样的《史记》要225元，买12本这样的《史记》要多少钱?

乐乐的做法	12÷3＝4 225×4＝900（元） 答：买12本这样的《史记》要900元。

请问：乐乐的做法正确吗？请说明理由。

这道题并不是让孩子自己列式计算，而是“反其道而行之”，直接给出了一种解答过程，让孩子分析做法是否正确；而给出的做法，也不是“先求单价，再求总价”的常规做法，这就需要孩子能够灵活运用所学知识，理解每一步算式的意义。第一步“12÷3＝4”是将3本书看作一组，12本书就是4组；第二步“225×4＝900（元）”是用一组书的价格与组数相乘，从而算出结果，因此乐乐的做法是正确的。倘若孩子平时只是背公式、记套路，那解决上面这样的题目就略显吃力了。

在孩子日常做应用题的过程中，家长不仅要关注答案是否正确，更要关注孩子是否理解了题目中所呈现的数量关系。你可以鼓励孩子通过口头表述，阐明每一步列式的意义，还可以多问一句“是否能想到其他的解决方法”，进一步培养孩子的模型意识，启发深度思考。

在应用题中，给出已知条件和所求问题，让孩子列式并进行解答，是一种比较常规的正向考查形式。而在新课标的引领下，题目还会考查孩子的逆向思考能力。

下列选项中（　　）不能用18×5+7这个算式解答。

A.

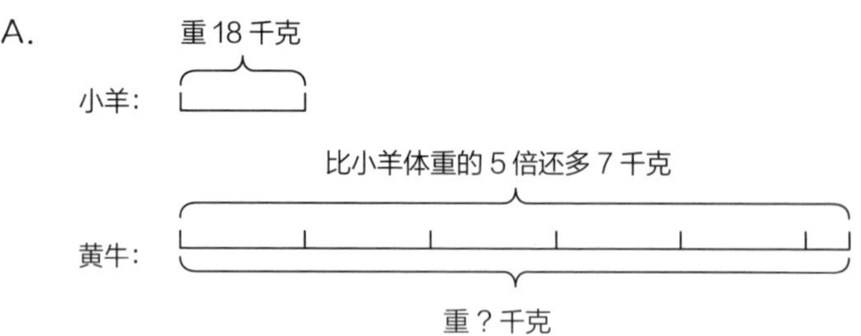

B. 李叔叔骑自行车，每小时骑18千米，骑了5小时后还差7千米到达终点。李叔叔一共要骑几千米？

C. 李老师买了5个笔袋，每个18元，还花7元买了4支铅笔，李老师一共花了多少钱？

D. 大长方形的面积是多少平方米？

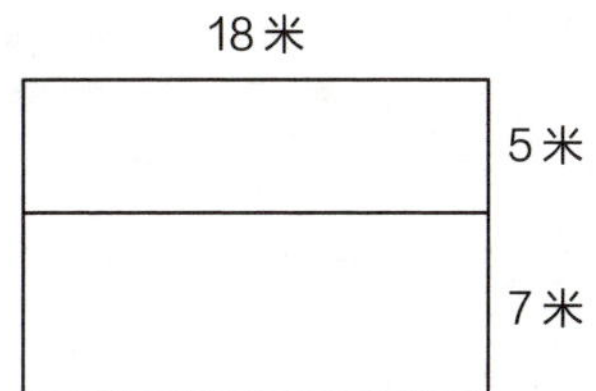

这道题并不是给出题目情境，考查列式求解，而是给出列式，结合算式意义，反向匹配对应的题目情景。“18×5+7”表示“比18的5倍还多7”，与题目中A、B、C三个选项都是匹配的，而D选项应列式为“18×（5+7）”。本题综合考查了算式在不同情境代表的含义，对运算意义和数量关系的理解有较高的要求，需要孩子将数、运算符号与问题情境中的数量关系很好地结合起来。这就要求孩子在学习过程中，在理解算式含义的同时，还要拓宽情境经验。

正如我们在第一章提到的，当下的考试命题越来越接近真实的情境，而这类题目往往具有较大的文字量和信息量，需要孩子提取出有效信息作为条件，从而进行问题的分析和求解。

铁路是中国前进速度最好的见证，下表是各时期列车的速度。

年份	1968年	1997年	2007年	2017年
速度	约60千米/时	约100千米/时	约200千米/时	

2017年，“纯中国血统”的“复兴号”诞生了，从“大脑”到“心脏”全部“中国创造”，使中国成为高铁运营时速最快的国家。请你根据以下信息估算出“复兴号”高铁的速度，并填入上面的表格中。

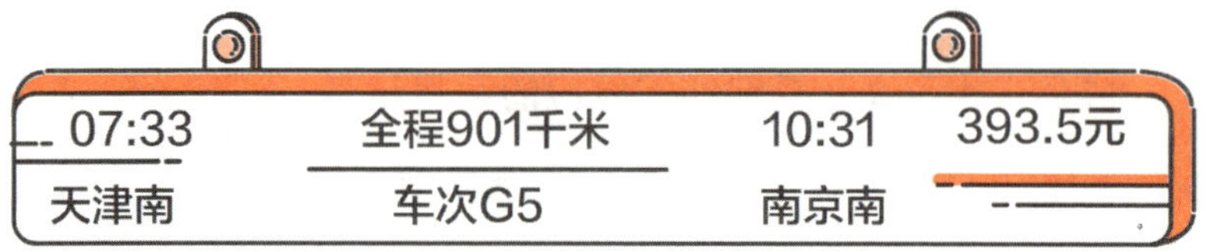

由于各位家长在其他场景中已经接触过远比这道题的文字量大得多的文本内容，因此这道题的阅读量不是解决问题的障碍；但对于孩子来说，信息量其实不小，既有文字描述，又有图、表格。孩子需要在理解题目情境后，提取出与“估算高铁的速度”有关的信息，从而求解，这其实非常考验孩子的阅读能力和提取关键信息的能力。想要掌握类似的题目，孩子首先要对数量关系的理解比较深刻，其次还需具备基本的生活经验。如果在日常生活中，家长能有意引导孩子观察汽车、高铁、飞机等购票出行的相关信息，那么孩子在解决类似的问题时就会更加得心应手。

总的来说，数学中的应用题，其实是数学知识与实际生活的有机结合。想要更好地掌握它，一是要加强对数量关系的理解，二是要具备一定的生活经验。在日常学习过程中，家长可以就解题过程中每一步的含义多提问孩子，在孩子表达的过程中，强化对数量关系的理解；而在生活中，家长也可以多引导孩子，将学过的各种数量关系与实际场景进行匹配和应用。生活中的实际场景必然是复杂的、信息冗余的，如果孩子能在这些实际场景中，有效提取数量关系与关键信息，那么一些较复杂的应用题就能迎刃而解。

学数学也需要动手操作吗

在传统的印象中，数学偏向理论研究，大多是跟题目打交道，就算是数论中著名的“哥德巴赫猜想”，也只是一道比较难的题目罢了。实际上，作为一门研究数量、结构以及空间等概念及其变化的学科，数学与实际生活紧密相关，如果想要更好地理解数学中的一些内容，就离不开动手操作。

如何培养量感?

大家可能对“数感”这个词比较熟悉，通常说一个孩子“数学好”，可能会将部分原因归于“数感强”。然而，对“量感”这个词，大家可能就比较陌生了。2022年版新课标首次提出了量感，指出“量感主要是指对事物的可测量属性及大小关系的直观感知”，要求学生“会针对真实情境选择合适的度量单位进行度量”，并将其作为核心素养的主要表现之一。

在小学阶段，孩子要学习许多的量，比如时间、长度、质量、面积、体积等。有的孩子或许能熟记克、千克、吨之间的进率，却难以说出称量几颗鸡蛋的重量应该用什么单位，这就是缺乏量感的体现。由此可见，对于量感的培养，不能只靠书本上知识点的记忆，还要更多地在生活中积累经验。

那么，如何培养孩子的量感呢？

步骤1：初步体会量的大小——让孩子比较纸条的长短、感受两个物体质量的轻重、比较两杯水体积的大小等；

步骤2：建立对单位量的准确认识——通过寻找生活中的单位量，如 1 米、1 克、1 秒、1 平方米等，让孩子意识到使用统一度量单位的必要性；

步骤3：丰富对较大量的认识——让孩子尝试估测从学校到家的距离、学校操场的面积、一袋米有多重等，并通过估计量与实际量的比较进行校正。

经过这样的过程后，孩子就能基于丰富的情境经验，对度量有更深刻的理解，从而让这些单位真正从书本中进入孩子的大脑。

几何中的动手操作

几何是一门研究空间结构及性质的学科，包括图形的特征、位置关系（平行、垂直等）、度量性质（长度、面积、体积等）。这三个部分，都离不开动手操作。

首先，对于图形的特征，具体的动手操作能够逐渐增强孩子的观察能力和空间想象力，分析和解决几何问题的能力也能得以提升。

如图，把一张纸沿虚线折叠后形成的立体图形是下列图形中的哪一个？

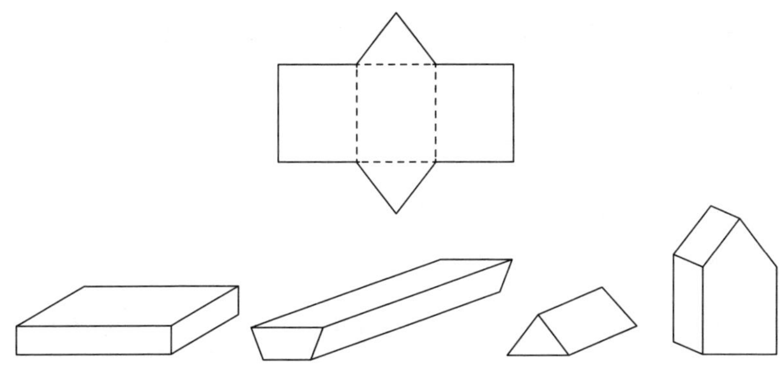

对于这样的问题，希望孩子见过所有的立体图形显然是不现实的。我们可以让孩子平时多观察、多触摸、多操作，体会从平面到立体、从二维到三维的图形变换关系，通过想象与操作验证相结合的手段，强化孩子的几何直观和空间观念，并将之运用到上述问题的解决中。

其次，孩子如果具有丰富的几何操作经验，就能更好地理解图形中点、线、面之间的位置关系，这种理解深度是单纯记忆图形的性质无法达到的。

把一张长方形的纸对折后再对折，打开后的折痕（　　）。

A. 互相平行

B. 互相垂直

C. 可能互相平行，也可能互相垂直

D. 既不互相平行，也不互相垂直

孩子如果日常有折纸经验，很容易就能想到，根据折纸方向的不同，产生的折痕会有多种情况。孩子多动手操作一下，就能加深对平行和垂直的理解，而不是只把“平行是不相交”“垂直是90°”背下来而已。

最后，在学习平行四边形、三角形、梯形、圆等图形的面积公式时，我们通常会把它们剪拼成已经学过的图形，从而将未知的问题转化为已知的问题。这种剪拼的过程，不仅有助于孩子直观地感受转化发生的过程，还有助于孩子形成通过动手操作去主动探究的意识。这比单纯把面积公式背下来更有效，尤其是在解决下面这样的题目时。

在硬纸上画一个直径是24厘米的圆，把圆分成若干（偶数）等份，剪开后用这些近似的小三角形纸片拼成一个近似的长方形，那么这个长方形的长约是（　　）厘米，宽约是（　　）厘米。

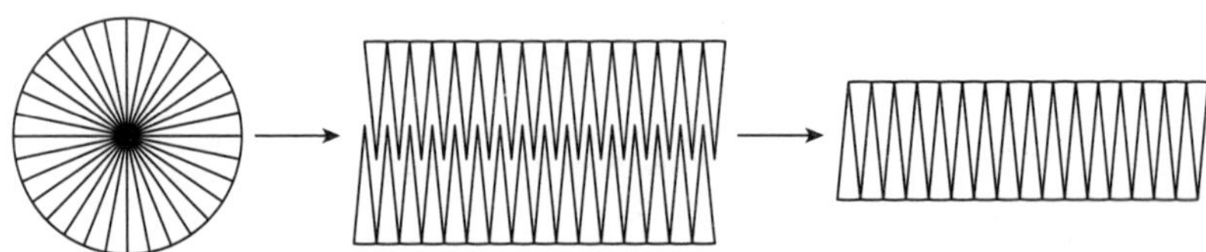

这道题其实是建立在圆面积公式推导的基础之上的。想要求圆的面积，我们可以把它剪拼成一个近似的长方形，长方形的

长为圆周长的一半，长方形的宽为圆的半径，这样就可以化曲为直，将圆的面积等价转化为近似长方形的面积。

由上述几个例子可见，在日常学习过程中，我们一定要鼓励孩子多动手、多体验，多在真实生活中发现自己学过的量。孩子在面对课本中几何问题的探究过程时一定不能偷懒，只有亲身经历，动手操作，才能加深对概念、公式的理解。家长也可以鼓励孩子多玩折纸、七巧板等益智游戏，看似模糊的量感、几何直观和空间观念，最终就是在孩子一次次动手操作中逐步形成的。

考题到底“活”在哪里

随着新课标的颁布，你可能会发现，现在的考试题目越来越灵活。那么，题目到底“活”在哪儿呢？面对如此灵活多变的题目，家长和孩子又该如何应对呢？接下来，我们结合具体的例子来看一下。

常规考法	新考法
$\frac{1}{4}$的倒数是（　）。 A. 0　　B. 1 C. 4　　D. 8	下面 4 幅图中的 a 和 b 表示不同的数，（　）中的 a 和 b 互为倒数。 A. 三角形的面积为 1（图：底 a，高 b） B. 线段的总长度为 1（图：a、b，总长 1） C. 长方形的面积为 1（图：长 a，宽 b） D. 长方体的体积为 1（图：a、a、b）

上面的两道题都在考查“倒数”这一概念。左边的常规考法只需写出倒数，而右边的新考法将分数计算中的倒数与几何中的面积、长度、体积相结合，考查了对多个知识点的综合应用能力。如果孩子只记住了“分子、分母交换位置的两个数互为倒数”，那么面对这种新考法，他就会觉得题目很“活”，无从下手，毕竟题干和选项里除了 1 就没有其他具体的数。可实际上，倒数的含义是“乘积是1的两个数互为倒数”，对应到题目中，就是要满足 $ab=1$。理解了倒数的本质，我们才能找到做题的切入口。

这类题目的精妙之处，不在于考查多么高深的知识或技巧，而在于它将孩子学过的知识，通过题目有机融合起来。在如此丰富灵活的题面下，孩子对于概念本质的理解要扎实到位，不能有一点模糊地带。

除了上述对多个知识点进行综合考查的题目，对使用多种方法来解题的综合考查也逐渐成为当前考试的命题趋势。

学校为同学们准备了一块长8米、宽2米的艺术展板，想把120张绘画作品同时平铺在展板上。如果每张作品都是长4分米、宽2分米的长方形，能放下吗？

（1）请你在解法正确的小朋友名字下面的（ ）里画“√”。

（2）强强是怎么想的？请你用文字表达出来。

本题的基础知识点是长方形的面积公式。然而，这道题并不是孩子知道“长方形的面积等于长乘宽”就能够解决，而是要根据展板及绘画作品的尺寸，判断绘画作品能否放得下，这样的考查方式让这道题变得灵活起来。另外，这道题并不需要直接解答，而是给出了强强和笑笑的不同解法，需要孩子阅读、理解、判断正误，并将强强的想法用文字表达出来。相信你已经有所感知：孩子需要具备相当程度的知识技能、阅读理解能力、数学表达能力，才能够完全解答这道题。

通过上面的两个例子，我们可以发现，考题很“活”，并不是因为它考查了课内没学过的知识或方法，而是在考查方式上更灵活，这体现在两个方面：一个是多个知识点的融合，另一个是多种方法的综合应用。这就要求孩子在平时的学习中，以大概念为抓手，建立知识的结构体系，从而构建完整的认知网络，实现对知识的持续性理解，以及知识和方法的迁移应用。

如何培养孩子的创新意识

当今时代，科学技术日新月异，拥有创新意识便成为未来人才必备的素质，最新颁布的课程标准也相应地把创新意识列为 11 个核心素养之一。然而，对于孩子创新意识的培养，各位家长可能会感觉有心无力，不知从何入手。那么，如何在数学学习及日常生活中，培养孩子的创新意识呢？

数学中的创新意识，主要体现在两个方面：数学知识的可迁移、问题结果的多样性。

数学知识的可迁移

什么是知识迁移？当我们能把所学知识应用到新的场景中去，其实就发生了知识迁移。《新趋势新考法全解全练·家长用书》这本书中举了一个特别简单的例子：

当我们学会了给鸡肉去腥的方法后，便可以用类似的方法给其他肉类去腥，这就是生活中常见的“知识迁移”。而在数学学习中，我们经常会借助已经学过的知识或技能，对新的知识进行探索。这个过程其实就是数学中的知识迁移。

这学期我们学习了乘法分配律：$a\times(b+c)=a\times b+a\times c$。你觉得 $a\div(b+c)=a\div b+a\div c$ 成立吗？

（1）我的想法（可以举例算一算）：

（2）我的结论：________________________。

解析：

（1）举例：如果 $a=6$，$b=1$，$c=2$，那么左边 $=6\div(1+2)=2$，而右边 $=6\div1+6\div2=9$。显然左边 $\neq$ 右边。

抛开特例，可以从算式意义的角度来理解：$a\div(b+c)$ 表示“将 a 平均分成 $(b+c)$ 份，每份是多少”。$a\div b+a\div c$ 表示“将 a 平均分成 b 份后每份的量，与将 a 平均分成 c 份后每份的量相加，一共是多少”。显然，$a\div(b+c)\neq a\div b+a\div c$。

（2）结论：$a\div(b+c)=a\div b+a\div c$ 不成立。

这道题不再局限于应用乘法分配律简化计算，而是考查能否将乘法分配律进行迁移，探索在除法中应用分配律的可能性。在探究的过程中，除了举例说明，我们还可以从知识的本质出发，既然乘法分配律可以通过算式的意义来解释，那么我们也可以通过算式的意义来检验除法中有没有类似的性质。由此可见，知识迁移不仅需要孩子对已学知识有深刻的理解，还要能找到知识之间的联系，抓住知识的本质，通过已学知识去思考、领会新知识。

知识迁移的过程是离不开创造性思维的。提高知识迁移能力可以培养孩子的创新意识，这与新课标中明确提出的“初步学会通过具体的实例，运用归纳和类比发现数学关系与规律，提出数学命题与猜想，并加以验证”这一要求是一致的。

问题结果的多样性

接下来，我们再借助下面的题目，了解一下问题结果的多样性。

图中露出的部分是整体的$\frac{1}{4}$，请画出被盖住的部分。

我们发现，与常规练习中给出整体，圈出或写出几分之几的思维定式不同，这道题目是由已知部分推测整体，即给出了4份中的1份，需要画出剩余的部分，但由于其组合形式的多样性，答案也就五花八门。我们可以来看一下孩子们给出的几种答案：

是不是能感受到孩子们满满的创意呢？发散思维是创造性思维的重要组成部分。训练发散思维能给孩子创新的机会，从而培养其创新意识。

在学科学习之外，孩子的创新意识也能在日常生活中得到培养。在孩子的日常学习和生活中，家长尤其要注意保护好孩子的好奇心和求知欲，因为这些正是创新的动力来源。当孩子提出问题时，家长首先要积极地给予回应，尝试用孩子能够理解的语言引导其进一步思考，必要时可以和孩子一起查资料，寻求答案。当孩子遇到有多种方法可以解决的问题时，家长可以进行开放式提问，比如："还有别的方法吗？""只有这一个答案吗？”鼓励孩子打开思路，再仔细求证，看看这些方法中哪些确实可行。

为什么会觉得数学越学越难

家长和孩子可能都会有一种感觉：随着年级的升高，数学越来越难，数学成绩也在不断下滑。这是为什么呢？一部分原因是从小学到中学，数学知识变得越来越抽象，理解门槛不断提高；还有很大一部分原因是孩子学习数学的方法不正确，这在低年级的时候难以看出端倪，随着年级的升高就越发明显。

那么，小学、初中、高中这三个阶段，孩子在数学学习上的侧重点是什么？又该注意什么才能避免“越学越难”呢？

小学数学的知识点相对较少，在这个阶段最重要的，一是要培养孩子良好的学习习惯，这会直接影响到后续中学阶段的学习；二是要注意用大概念的理念来学习，初步形成知识的体系化、结构化网络。进入初中阶段，孩子需要在夯实基础知识的同时，端正学习态度。初中的知识量迅速增加，难度也随之增大，在这种情况下，小学阶段养成的良好学习习惯就显得尤为重要，比如课前预习、课后复习等；同时，仍应以大概念的理念为基石，让孩子的个体数学认知结构不断生长，这样才能不断将新旧知识进行链接，从而实现自主的迁移与应用。高中阶段的重点是找到正确的学习方法，提高孩子的总结能力、独立思考的能力和举一反三的能力，只有掌握了科学的学习方法，才能拥有独立学习、自主学习的良好习惯。

如果孩子一开始就基于大概念理念进行学习，注重理解知识本质，也许起初进度会慢一些，但越往后学习就会越轻松。这种看起来的“慢”，源于孩子并没有一上来就扎入题海，而是花了更多时间从各个角度理解知识的本质，这种短期的“慢”实际上是为了长期的“快”。孩子在之后遇到相同知识模块的进阶内容时，便可以从过去习得的大概念中得到启发，从而更加快速地掌握新知识并理解题型的变化，而不需要完全从头开始学习。

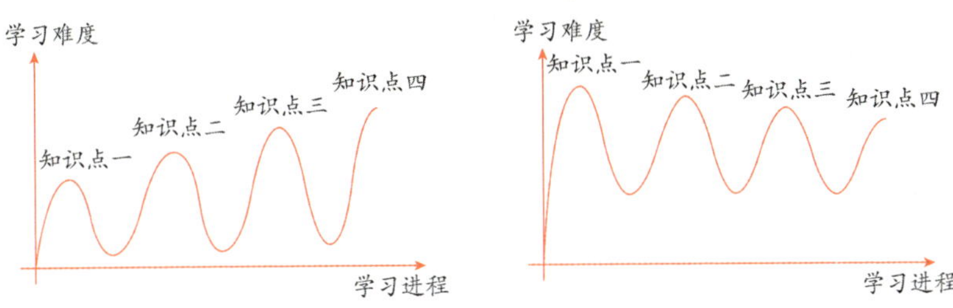

基于大概念理念进行学习，除了要注重理解知识本质，还要建立知识之间的联系。可以试想一个场景：客厅的地面上，孩子的积木散落一地，找不到任何地方能够放置新玩具，这时应该怎么办呢？此时，孩子需要把积木分门别类地收纳起来，这样客厅就有很多地方摆放新玩具了。散落一地的积木就好比各种碎片化的知识、方法和题型，如果孩子只是把它们毫无关联地记忆在大脑中，那大脑很快就会不堪重负；但如果孩子能将知识按照一定的结构关联在一起，那知识之间就能形成一个有意义的整体。这样，孩子不仅能更轻松地掌握这些知识，还能在他需要用到相应的知识时，更快地在大脑中找到。

当年级不断升高，所学知识越来越多时，孩子要做的是在已经搭好且结构稳固的积木上继续搭建，而不是对着散落一地的积木一筹莫展，这样数学就不会越学越难了。

在数学的学习过程中，家长可以让孩子定期回顾、总结、反思所学知识。在回顾和总结的过程中，孩子不仅要把知识罗列出来，还要基于对知识本质的理解，强化知识之间的关联，让知识有结构地进入大脑。

大概念与奥数的关系是什么

提及孩子的数学学习，绕不开的一个话题就是奥数。一些家长在孩子小学阶段，就特别热衷于让孩子学奥数，希望通过高强度的思维训练，提高孩子的计算、图形、逻辑分析等各项数学能力，并为日后中学的数理化学习打好基础。实际上，奥数中的很多内容是在校内知识的基础上拓展新的知识领域，或是基于已有知识的更巧妙、更复杂、更综合的题型。因此，奥数并不适合所有孩子。

对于大多数孩子来说，课内知识的理解、消化是有一定难度的。部分家长可能会认为，奥数难度更高，学完了更高难度的，课内的也就没有问题了。事实上，如果孩子只是记住了一些难题的解题技巧，而没有理解这些技巧的来由，那么只会徒增记忆负担，也无法真正将这些技巧应用到课内题目的解答中。等孩子不学奥数了或是升入了更高的年级时，这些技巧也就慢慢忘却了，并不能对数学能力的提升给予长久的帮助。

另外，也有部分家长希望通过累积知识的“量”，来解决知识理解的“质”，希望“量变引起质变”。这就好比在孩子需要补充多种营养来长身体的时候，只给孩子塞了许多碗白米饭，最终事与愿违。想要解决知识理解的“质”，就需要孩子对现有知识的理解更加透彻，因此要通过洞悉知识本质来加深理解，也就是基于大概念体系进行学习。

对于学有余力的孩子，围绕课内知识适当拓展奥数内容，对其数学学习是有好处的，但也应该以大概念的方式来学习，即围绕一些关键概念展开相关知识的学习，并引导孩子理解相关概念和解题方法的本质，只有这样才能借助奥数内容真正提升孩子的数学能力。

有的家长可能认为只有奥数题才是难题。实际上，通过前几个小节的题目我们可以发现，即使是考查课内知识，也有更加灵活且复杂的考法。这类题目已经大量出现在北京、上海等教育发达地区的考试试卷中，预示着后续考试命题的方向。随着新课程标准的逐步落地，相信在全国各地的考卷中，这类考题会越来越多。这就要求孩子必须强化对知识本质的掌握，如此才能应对当下的考查方式。

大概念如何助力孩子的科学学习

在《以大概念理念进行科学教育》一书中，英国科学教育家温·哈伦（Wynne Harlen）在 10 条有关科学知识的大概念的基础上，总结了 4 条关于科学本身的大概念。其中一条写道："科学上的解释、理论和模型都是在特定的时期内与可获得的实证最为吻合的。"这条大概念点明了任何科学理论和模型都只在一定时期内有效，并常常会依据新的数据而被修正。秉持着这样的大概念，孩子就能以不断进步、更新的心态，来更好地面对物理、化学、生物等学科的学习，也能在今后的人生中，用发展的眼光来看待问题。

实验课如何避免孩子只看"热闹"不看"门道"

说起科学学习，就离不开科学实验。有趣的实验很容易吸引孩子的注意力，激发学习兴趣。但有的孩子在上完实验课之后被问及学到了什么时，只能说出个别印象深刻的现象，其他的就答不上来了。这就是只看了"热闹"没看到"门道"，对培养孩子的科学思维和科学探究精神助力甚少。

开展实验的目的，是探究实验内容之间的内在联系，验证知识本质，也就是对应学科的大概念。那么，该如何让孩子从只关注实验现象转变为思考现象背后的知识本质呢？在学科实验中或是在面对一些生活现象时，我们可以从以下三个方面对孩子进行引导和启发。

首先，在观察实验现象时，要分析其缘由。实验现象只是孩子探究的起点，在仔细观察每一个现象的同时，要鼓励孩子认真思考导致这些现象出现的原因、现象背后的本质，并引导孩子进行深入探究。

将一小块金属钠放入滴有酚酞的水中后，实验现象非常丰富：钠浮在水面上，熔成小球，四处游动，发出嘶嘶声，溶液变红。那么，钠能浮在水面上说明什么？为什么钠会熔成小球，四处游动，并发出嘶嘶声？是什么物质让溶液变红了？在回答完上述问题后，引导孩子进一步深入探究：这是一种什么类型的化学反应？反应前后各是什么物质？钠为什么会具有这么活泼的化学性质？如果投入其他金属是否还会出现类似的现象？……

把发声的音叉放入水中，水花四溅，这个实验现象也很明显。针对这个现象，我们可以引导孩子思考：水花四溅说明了什么？为什么要把音叉放入水中？这是哪种实验方法？这种实验方法可以解决什么问题？还有哪些实验也用到了这种方法？……

总之，孩子不能只看到实验现场的热闹效果，还要仔细观察每一个实验现象，并利用所学知识对实验现象和结果进行解释和说明，透过现象看到本质。

其次，当孩子自己上手做实验时，需要明确实验的目的，并掌握相应的实验方法。一般来说，中小学实验大致可以分为观察某个现象、测量某个量、验证某个已知的规律、探究某个未知的规律这几类。

如果是观察某个现象，就要看清楚反应前、反应时、反应后各有什么现象，状态、颜色、体积、气味、速度、位置等发生了怎样的变化。

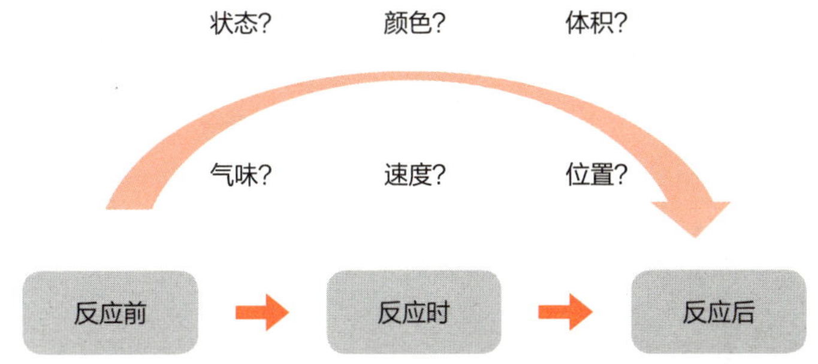

如果是测量某个量，就要掌握测量时所用仪器的结构、测量原理、操作步骤等。比如用托盘天平测物体的质量，首先要认清天平的结构，知晓每个部件的作用，明晰它的测量原理，了解操作时的注意事项；其次在具体测量时，要严格按照测量步骤和操作规范来进行实验；最后要记录好实验数据，并进行误差分析。

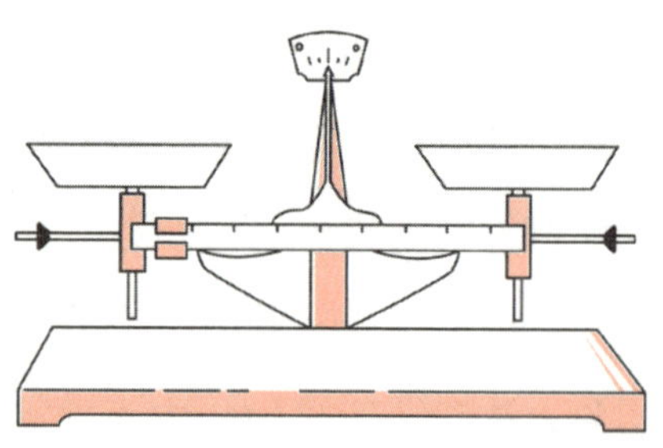

如果想验证某个已知的规律，或探究某个未知的规律，首先要确定实验原理和实验方法，选择合适的实验器材，然后按照制定好的实验步骤进行操作，最后收集实验数据，得出实验结论。

验证浮力的阿基米德原理 $F_{浮}=G_{排}$，需要用弹簧测力计、溢水杯和小桶来测量物体所受的浮力和排开水的重力。按照如图所示的实验步骤，读出弹簧测力计的4个示数，进一步计算出浮力和排开水的重力，二者进行对比，就能对阿基米德原理进行验证了。

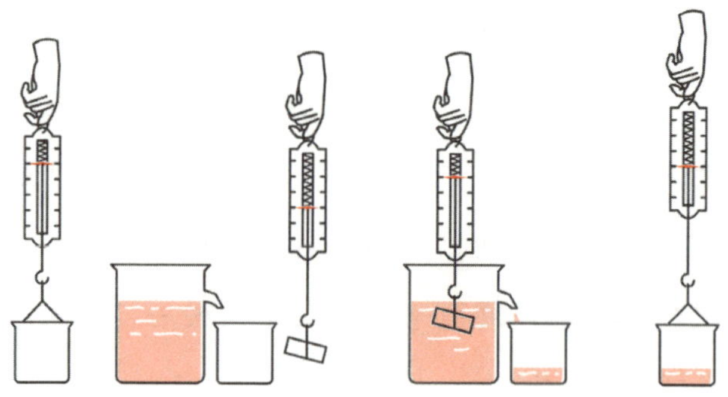

有时孩子会不重视课本实验，觉得既然结论都写在书上了，那做不做实验都一样。殊不知，等真正开始做实验之后，孩子就会发现自己过于想当然了：器材如何连接、药品如何使用、标本如何制作，这些看起来非常基本的问题都在考查孩子的动手能力，同时也会影响实验的成败。当孩子发现无法测出课本上要求的数据，或是无法观察到课本上写明的现象时，他一定会感到焦虑，然后利用各种手段和方法排查原因，解决实验过程中出现的问题，从而得出正确的结果。这样的过程能让孩子对实验的每一个步骤都了如指掌：为什么需要这一步？如果没做这一步会有什么样的后果？每一个量是如何测量出来的？每一个现象是通过什么反应产生的？这些问题的答案会借由实际的动手操作而变得印象深刻，也培养了孩子发现问题、解决问题的能力。

最后，孩子在经历了课本上的实验之后，可以在生活中提出猜想并进行实验，进而逐渐具备自主探究的能力。面对大千世界中的各种现象，孩子可以尝试把现象“翻译”成科学问题，并提出自己的猜想。提出猜想之后，孩子要进行实验设计，思考什么样的实验数据和实验现象能验证猜想，以及什么样的实验过程能得出相应的数据和现象。这就要求孩子不能只是孤立地记忆课本中各个实验的步骤，而是能将课本中所学的实验方法联系起来，针对不同的实验需求选取相应的实验方法，比如多变量问题要用控制变量法，不易直接观测的量可用放大法或转换法来进行观测，等等。最终孩子还要落地进行实验，记录所得数据和现象，如果和预期不符，应检查实验设计和操作过程是否有误，并进行交流评估与反思。

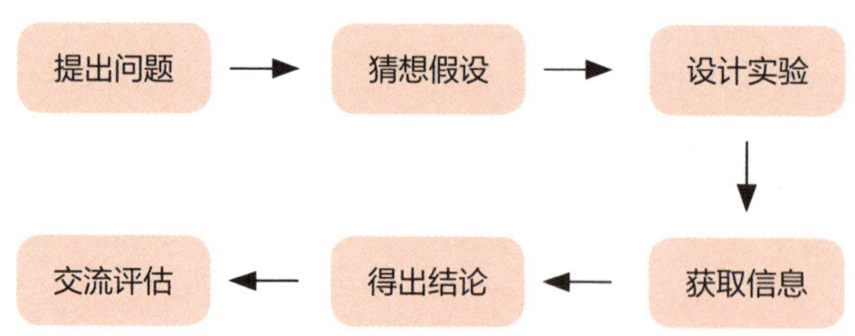

为什么记住了物理公式、定律还是不会做题

什么是物理？自然界的各种现象，都是在不断变化中的，但有一类现象，从物质本身来说，并不改变，这类现象就叫物理现象。物理学就是研究物理现象的科学。

上面的定义告诉我们，物理学本来就是与日常生活息息相关的，但很多孩子在学习物理时缺乏对真实情境的感悟和体验，导致“不接地气”；另外，物理这一学科涉及的内容十分广泛，仅初二这一年就要学习运动、声、物态变化、光、透镜、密度、力、压强、功、简单机械等诸多知识，如果没有对这些内容中相关定义、公式、定律进行更深层次的思考和整合，那这些知识看起来就是杂乱无章的。因此，即使孩子在考前复习时把公式、定律等内容都背下来了，考试时还是会出现丢分的情况。那么应该怎样做，才能真正学好物理呢？

第一，把课本上的公式、定律都背下来是远远不够的，这是因为学习物理把一个概念或定律“吃透”特别重要，在各个阶段对掌握程度的要求也不同。

一个看起来非常简单的概念——速度，小学阶段孩子就知道速度等于路程除以时间，做题时只要把题目中人或物体走过的路程和经历的时间都找到，再使用除法就可以解决问题。

到了初中还会讲速度，如果孩子觉得公式早就知道了而对这个概念疏忽大意，那么他做题时就一定会出问题。在初中阶

段，速度是一个物理量，有对应的符号、公式、单位，不同单位之间的换算关系，路程-时间图象、速度-时间图象，等等。可以看出，从把速度公式背下来到最终解决问题，中间还有很长的一段路要走，而这段路往往决定着孩子能否把这个知识点掌握好。

进入高中之后，孩子要继续学习速度，如果觉得初中早就学过了而对这个知识点掉以轻心，那做题的时候肯定还会出问题。因为在高中阶段，先有质点、参考系、时刻和时间间隔、位置和位移等概念之后才有速度的概念，速度由初中的标量变成了一个矢量，它既有大小，又有方向，并且有瞬时速度和平均速度之别。在速度的基础上又延伸出了另一个非常重要的概念——加速度，随之而来的就是与力、功等知识的融合考查，以及纷繁复杂的公式。如果不了解这些公式是怎么演化得来

的、每个公式的适用条件、与其他公式的联系和区别，那做题时自然就毫无头绪。

人的认知是螺旋式上升的，对知识的学习也是如此。因此，在每一阶段的学习过程中，相比知道一个物理量如何计算，更重要的是理解它的来龙去脉：为什么需要这个物理量？它的存在是为了解决什么问题，又是如何解决的？……这些问题绝非三言两语就能说明白，但从大概念学习的角度，问题的答案也恰恰指向这个物理量的本质构成，因此值得孩子反复琢磨。

第二，除了要了解一个量的来源并理解其本质，孩子还应在真实情境中体验它的测量过程，以及在实际生活中的应用。例如，孩子如果在实验室中亲自测量并计算过物体的密度，就会对密度公式的理解更加深刻，在考试中也就不用再纠结公式应用的问题了。

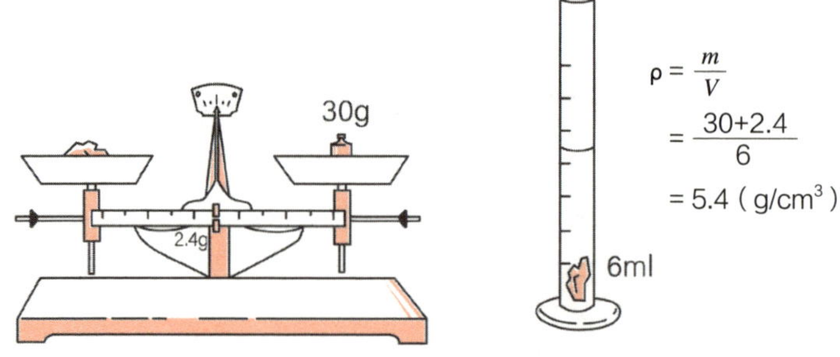

类似地，在学完凸透镜成像的规律之后，如果孩子能在照相机、投影仪、放大镜等现实事物中进行验证，就能更好地明白这些规律应该如何应用，也就不需要死记硬背凸透镜成像的各种结论了。

物距 u 与焦距 f 的关系	像的性质	像距 v 与焦距 f 的关系	应用举例	像与物关于凸透镜的位置
$u > 2f$	倒立缩小的实像	$f < v < 2f$	照相机	异侧
$u = 2f$	倒立等大的实像	$v = 2f$	/	异侧
$f < u < 2f$	倒立放大的实像	$v > 2f$	投影仪	异侧
$u = f$	从焦点 F 发出的光经凸透镜折射后成平行光，所以不成像			
$u < f$	正立放大的虚像	/	放大镜	同侧

第三，在理解概念的基础上，孩子还需要将概念之间形成

联系。物理知识之间有着很强的关联性，从运动学到力学再到电学，在学习过程中都会不断用到前面章节的知识，因此不能孤立地记忆某章节的概念和公式，而是需要主动寻找不同公式之间的关联。比如牛顿第二定律 $F = ma$（其中 a 表示物体的加速度），就可以和运动学中有关加速度的计算公式联系起来；以牛顿第二定律为基础进行适当变形和处理，又能得到动量定理和动能定理……这样孩子就能以牛顿第二定律为核心，把前后所学的公式串联起来。

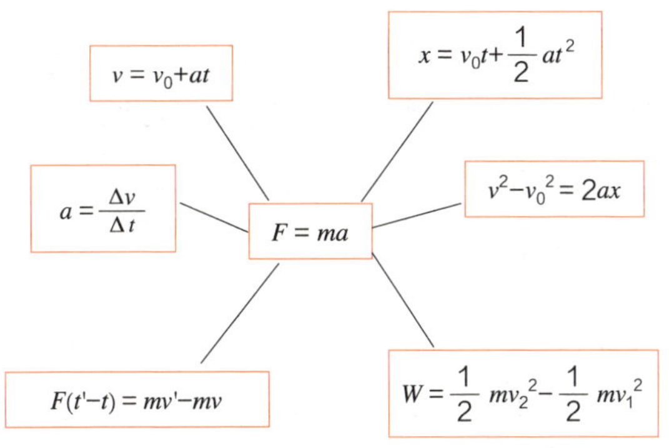

另外，利用大概念对知识进行梳理，按照大概念的脉络去记忆和理解知识，将会事半功倍。以初中物理的“能量”这个大概念为例，它涵盖了机械能、内能和电能这三种核心概念，而能量离不开转化、转移和守恒，在转化时又涉及功（包括电功、焦耳定律）、功率（包括电功率）和机械效率。利用这样的关系，孩子就能把离散的能量知识归纳成图谱，也能将与其相关的公式总结到图谱中，便于做题时灵活调用。在这个图谱中，某些具体概念还能进一步展开，例如机械效率，一旦孩子“吃透”了效率的意思（有用的量与总量之比），后面再遇到热效率和热机效率这两个概念时，就不用背诵公式，直接迁移应用即可。

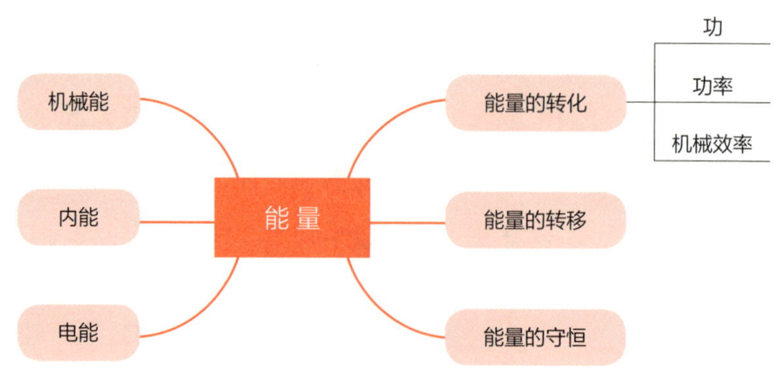

孩子如果能多思考、勤梳理，随着学习的深入，就能把所学到的物理知识形成一张结构清晰的大网，自然也能根据题目情境，灵活运用所学的公式来解决问题。

总之，虽然物理在初学的时候看起来灵活多变，但只要孩子“吃透”了核心概念，建立起概念之间的联系，并能在真实情境中运用所学知识，他就能做到一通百通，不管题目如何变化都能应对自如，这样物理的学习就会变得轻松许多。

化学和生物知识太多、太碎，背不完怎么办

谈到化学和生物这两门学科，许多人会说它们是理科中的“文科”，因为这两门学科要记忆的内容相对较多，这让许多孩子十分头疼。实际上，如果孩子只是单纯记忆，不仅负担非常重，还难以学好这两门学科，那应该怎么办呢？

首先，在理解的基础上进行记忆。

无论是某种物质会发生怎样的反应，还是不同细胞的组成结构，它们都不是毫无来由的孤立知识，孩子只有先理解知识背后的原理，找到知识间的规律和联系，才能更好地记忆。

例如，在学习生物时，孩子要理解“结构与功能相适应”这一基本观点，即细胞的结构与功能是相适应的，细胞内的各部分都是为了承担相应的功能，完成不同的生命活动。这样孩子就能在各个细胞器功能的基础上，把它们看作各司其职的整体，如此一来也就不容易遗忘了。而在学习化学时，孩子一定要理解“结构决定性质，性质决定用途”这一重要的化学理念，即特定的结构决定了物质的性质，而物质的性质又对应着它会发生的反应，从而影响物质的用途。比如，虽然金刚石和石墨同为碳元素单质，但由于结构不同，它们的物理性质和用途也就完全不同。一旦洞悉了结构、性质与用途之间的关联，孩子的记忆负担就能大大减轻。

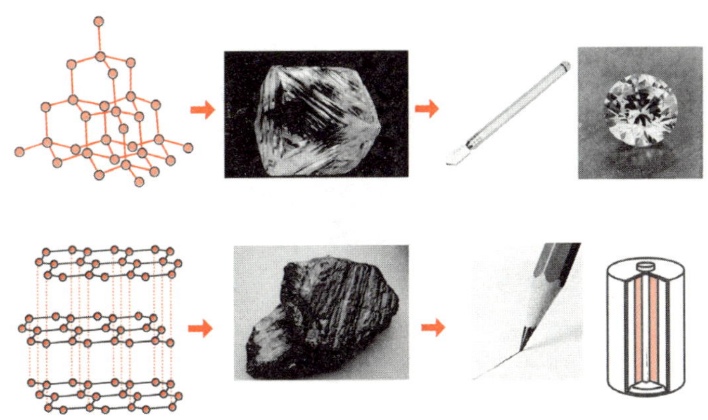

其次，化零为整，构建体系。

我们可以利用表格或者各类图示来归纳整理相关联的知识，找出零散知识之间的联系和规律，形成知识脉络图。例如，物质种类间的化学反应，可以简要总结为如下关系图：

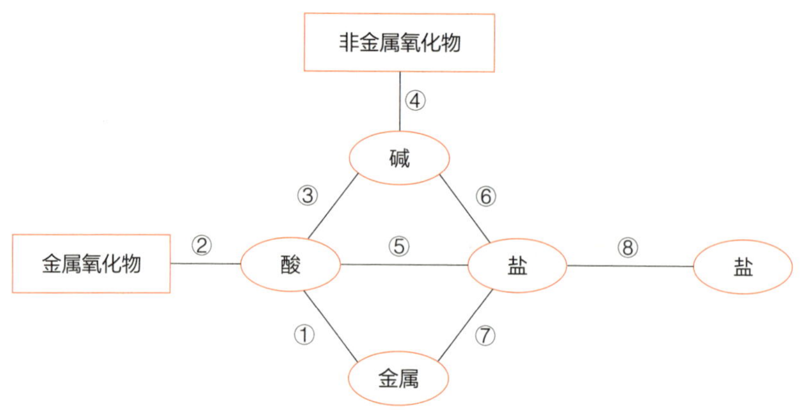

同时，我们还可以把新知识和旧知识及时进行对比，比如光合作用与呼吸作用、有丝分裂与减数分裂、纯碱与烧碱、生石灰与熟石灰等看起来很相似的概念，在寻找相同点和不同点的过程中，强化对新旧知识的理解。

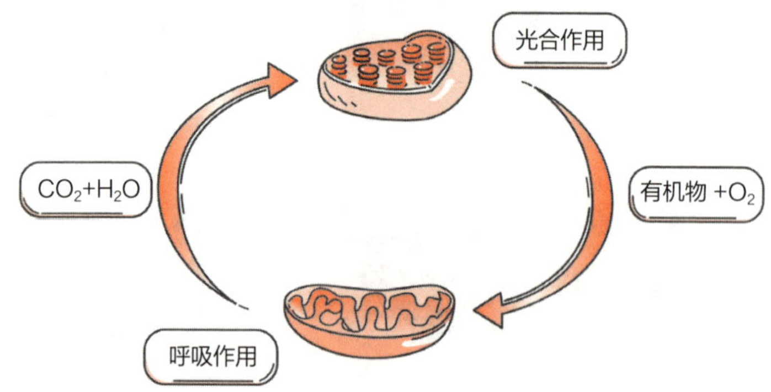

虽然市面上有很多现成的知识手册，但并不建议孩子一上来就直接拿着别人整理好的手册进行背诵。孩子应该自己把知识梳理一遍，这有助于加深对内容的理解，并构建自己的知识体系。“这一部分存在哪些知识？这些知识能以什么样的结构组织起来？它们之间有什么样的关系和规律？”孩子在梳理的过程中，就不得不思考这些问题，而这个思考的过程是弥足珍贵的。如果担心有知识上的遗漏，可以在梳理后与现有的知识手册进行对比验证，查漏补缺。

再次，实践出真知，结合自己的实践经验进行记忆。

孩子对亲眼见过的、亲手操作过的知识一定会有很深的感触，也就很难忘记。这里的实践经验包括在实验室里完整地经历实验探究的全过程，也包括制作模型、调查事实、查阅多媒体资料等。相比死记硬背课本上的“死知识”，孩子通过多种多样的学习活动把知识变活，就能轻松地习得这些知识。

比如，如果把各种实验操作和实验现象当作课文来背，那就有许多容易遗漏的细节需要反复强化；但如果孩子能自己上手多操作两遍，甚至做实验时多失败两次，那么看似烦琐的实验操作就有了现实意义——成为孩子充分认识和理解实验原理的金钥匙。

最后，在化学和生物的学习中，孩子不仅要掌握课本的知识，还要基于所学的知识形成对学科大概念的理解，这样才能在新的情境中将所学的知识进行迁移应用，以解决新情境下的新问题。如今，全国各地的高考题也在越来越多地考查课本以外的知识，考题会通过给予孩子新的物质、新的反应、新的实验、新的材料，要求孩子借助所学的性质与规律、所掌握的科学探究能力来解决问题，比如下面这道生物高考题。

阅读以下材料，回答问题。

创建D1合成新途径，提高植物光合效率

植物细胞中叶绿体是进行光合作用的场所，高温或强光常抑制光合作用的过程，导致作物严重减产。光合复合体PSII是光反应中吸收、传递并转化光能的一个重要场所，D1是PSII的核心蛋白。高温或强光会造成叶绿体内活性氧（ROS）的大量累积。相对于组成PSII的其他蛋白，D1对ROS尤为敏感，极易受到破坏。损伤的D1可不断被新合成的D1取代，使PSII得以修复。因此，D1在叶绿体中的合成效率直接影响PSII的修复，进而影响光合效率。

叶绿体为半自主性的细胞器，具有自身的基因组和遗传信息表达系统，叶绿体中的蛋白一部分由叶绿体基因编码，一部分由核基因编码。核基因编码的叶绿体蛋白在N端的转运肽引导下进入叶绿体。编码D1的基因psbA位于叶绿体基因组，叶绿体中积累的ROS也会显著抑制psbA mRNA的翻译过程，导致PSII修复效率降低。如何提高高温或强光下PSII的修复效率，进而提高作物的光合效率和产量，是长期困扰这一领域科学家的问题。

近期我国科学家克隆了拟南芥叶绿体中的基因psbA，并将psbA与编码转运肽的DNA片段连接，构建融合基因，再与高温响应的启动子连接，导入拟南芥和水稻细胞的核基因组中。检测表明，与野生型相比，转基因植物中D1的mRNA和蛋白在常温下有所增加，高温下大幅增加；在高温下，PSII的光能利用能力也显著提高。在南方育种基地进行的田间实验结果表明，与野生型相比，转基因水稻的二氧化碳同化速率、地上部分生物量（干重）均有大幅提高，增产幅度在8.1%～21.0%之间。

该研究通过基因工程手段，在拟南芥和水稻中补充了一条由高温响应启动子驱动的D1合成途径，从而建立了植物细胞D1合成的“双途径”机制，具有重要的理论意义与应用价值。随着温室效应的加剧，全球气候变暖造成的高温胁迫日益成为许多地区粮食生产的严重威胁，该研究为这一问题提供了解决方案。

（1）光合作用的____反应在叶绿体类囊体膜上进行，类囊体膜上的蛋白与____形成的复合体吸收、传递并转化光能。

（2）运用文中信息解释高温导致D1不足的原因。

（3）若从物质和能量的角度分析，选用高温响应的启动子驱动psbA基因表达的优点是什么？

（4）对文中转基因植物细胞D1合成“双途径”的理解，正确的叙述包括（　　）。

A. 细胞原有的和补充的psbA基因位于细胞不同的部位

B. 细胞原有的和补充的D1的mRNA转录场所不同

C. 细胞原有的和补充的D1在不同部位的核糖体上翻译

D. 细胞原有的和补充的D1发挥作用的场所不同

E. 细胞原有的和补充的D1发挥的作用不同

这道题的题干中直接给出了大段材料，文字量堪比阅读理解，而这部分内容孩子并没有在课本上学过，想要通过大量刷题来提前熟悉相关知识，无异于大海捞针。因此，孩子能结合材料信息和所学知识，经过推理后回答相应的问题，就显得尤为重要。这就需要孩子在学习过程中深化理解相应知识模块的大概念，并迁移应用到新的情境中。

总之，化学、生物作为两门理科学科，绝不是单纯靠记忆就能学好的。孩子还是要理解知识背后的原理，找到知识之间的规律和联系，这样才能在不同的情境中灵活运用所学知识来解决问题。

如何挑选基于大概念的理科学习资源

读到这里你肯定能感受到，只有基于大概念的学习，注重理解知识本质，才能让孩子轻松应对当下对于理科知识的灵活考查，并能让孩子永久受益。很多家长一定想给孩子寻找更加优质的理科学习资源，那么如何才能在良莠不齐的课程和教辅中，判断出哪些学习资源是基于大概念来设计的呢？

首先，我们要关注理念，选择基于“学习本质”这一理念来设计的课程和教辅。教育产品一定是理念为先，从理念上，这些课程和教辅必须注重知识本质，强调知识之间的联系，而不应该单纯突出解题技巧、应试策略。

以数学中基于大概念教学的课程设计为例（见第78页图），它的课程理念就是用大概念来整合课内知识，将非常多零散的知识用几个核心的大概念串联起来，相应讲次的教学内容也会围绕这几个核心大概念进行设计。这种学习方式让孩子不再浮于不同知识的表层，而是能够深入地扎下去，达成在这个学习阶段应实现的对知识本质的理解。这样的学习不仅高效，还能让孩子掌握知识之间的关联，构建起相关的知识网络，从而使学到的知识更牢固。

再以物理为例（见第79页图），其中力学涉及物理中的两个大概念：运动和相互作用、能量。对应的教学内容也应双线并行，明线是知识点，暗线是大概念。大概念这条线能培养孩子的顶层思维，帮助孩子轻松解决初中力学问题——要么从运动和相互作用的角度去切入，要么从能量的角度去切入，而每种切入角度又有其特有的分析方法。用大概念组织起来的课程，能减轻孩子的学习负担，特别是知识记忆负担，更重要的是，孩子遇到一个实际问题或者面对考试题时，不会再出现无从下手的情况了。

对于教辅而言，我们可以关注它的前言与目录设计，看它是以什么样的理念和形式组织内容的。教辅的内容不应追求大而全，让孩子迷失在无穷尽的细节中，而应选取那些重要而精

人教版小学数学
一年级下学期内容

课内单元	课时
一、认识图形（二）	3
二、20 以内的退位减法	10
三、分类与整理	3
四、100 以内的认识	9
五、认识人民币	5
六、100 以内的加减法	12
七、找规律	4

第二、四、六章为重难点章节，提炼出的核心大概念有 3 个，也是本学期最核心的3个大概念。

01 核心大概念一

十进位值制：所有的十进制数都是用 0~9 这 10 个数字表示的，满十进一

02 核心大概念二

发展早期数概念和数感：自然数是由计数单位及在其上的数字组成的；依据数的性质可以对自然数进行分类

03 核心大概念三

运算的意义和关系（加和减）：加法为相同本质的量进行合并的运算，也可以表示变多的过程；减法为相同本质的量拆分成若干个部分，求其中一部分的运算，也可以表示变少的过程；合并与拆分、变多与变少都是相反的过程，所以加法和减法互为逆运算

基于大概念教学的课程设计

第1讲　比较中的相对关系
第2讲　条件分析
第3讲　分类思维
第4讲　立体与平面

第5讲　十进制
第6讲　位值制
第7讲　数序探究
第8讲　数的分类之单双数
第9讲　有序思维

5~9讲：单元设置重心在理解十进位值制、发展早期数概念和数感

第10讲　量感之货币

第11讲　位值与运算
第12讲　加减运算关系
第13讲　十进制与加法
第14讲　十进制与减法
第15讲　模式推理

11~15讲：单元设置重心在理解前两个大概念的基础上，掌握运算的意义和关系（加和减）

第16讲　运算综合（一）
第17讲　问题解决综合（一）
第18讲　经典数学游戏之数独

人教版初中物理
八年级下学期内容

课内单元	课时
七、力	5
八、运动和力	3
九、压强	5
十、浮力	3
十一、功和机械能	4
十二、简单机械	3

基于大概念教学的课程设计

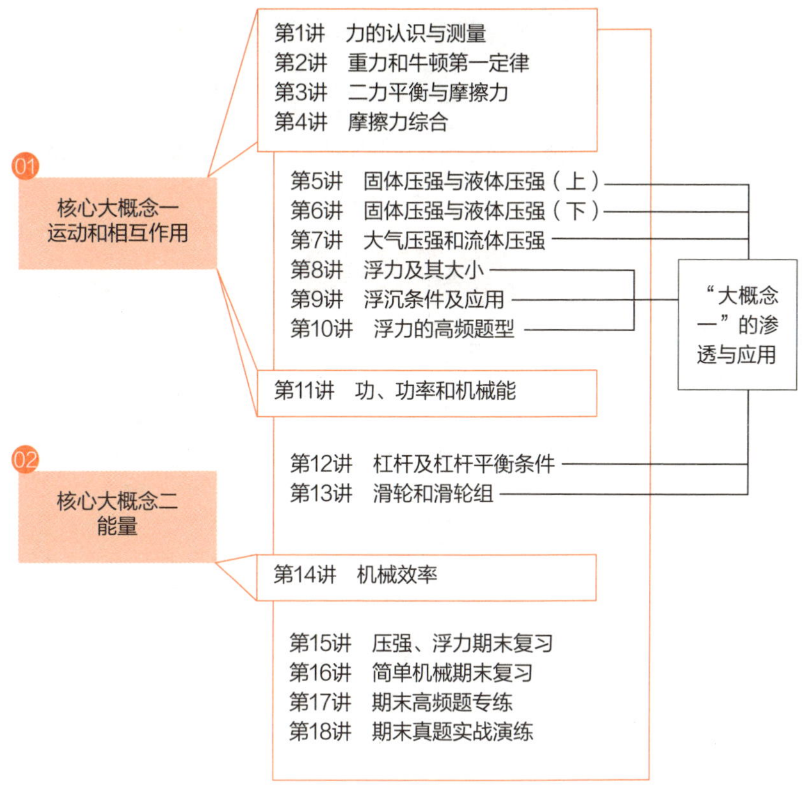

华的、有助于孩子理解知识本质的内容，并基于大概念进行组织设计，这样才能让孩子的练习更高效。

其次，基于理念，我们要观察老师的授课方式，选择引导孩子探索知识本质的课堂。老师一定要在情境中，让孩子经历发现问题、分析问题、解决问题的过程，最终让孩子达成对大概念的理解；同时，对于不同的知识类型，老师也需要设计不同的认知过程，让孩子能够更好地理解其内涵，并了解应该在何种情境下以何种方式运用这些知识，进而将传统课堂中重复堆积的题型讲练转变为对知识本质的探索和启发。

最后，我们还要观察课程和教辅中所选用的题目，是否有助于孩子理解知识本质。选用的题目尽量不要只关注孩子是否能得出答案，还要评估孩子的思维过程；另外，与日常生

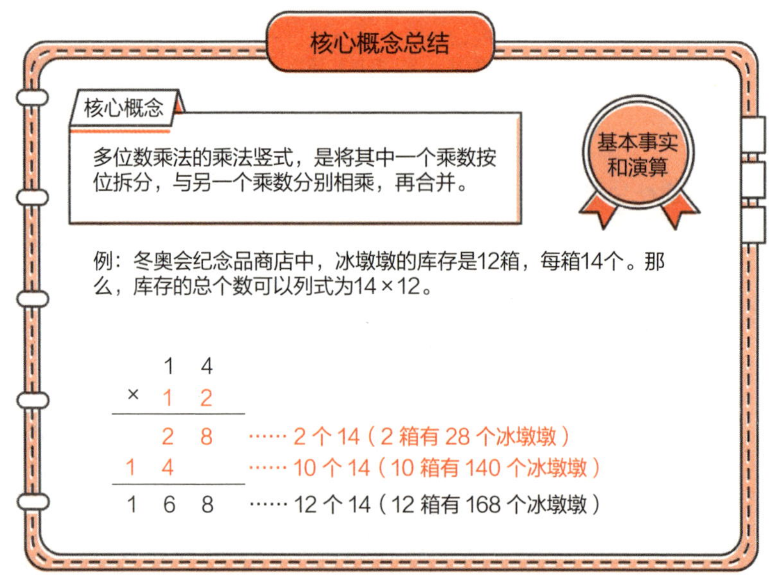

活、时事热点、人文素养等真实情境相结合的题目，能够在考查知识点掌握程度的同时，全方位提升孩子的核心素养，也能让孩子意识到要学以致用。如果孩子所做的题目，只需要记忆固定的步骤即可作答，那对于强化孩子对大概念的理解就毫无用处。

总的来说，家长在挑选学习资源的时候，要注意观察课程和教辅的教学理念、课堂设计和题目选取，判断其是否注重引导孩子理解知识本质、形成知识之间的关联。基于大概念理念设计的学习资源，能让孩子在理科学习中获益匪浅。

第三章

大概念助力孩子的语言学习

听、说、读、写，是语言学习必不可少的四个方面。在这四项中，孩子最头疼的可能就是“写”，也就是作文：写不出来，没有思路；就算勉强写出来了，也是套路明显，缺乏真情实感。在许多家长心中，提高语言掌握程度的最好方式就是“背范文”，仿佛只要孩子背得足够多，其语文和英语成绩就能提升。语言学习的确离不开日常积累，但一味地枯燥记忆不仅会扼杀学习语言的兴趣，还无法培养孩子在真实情境中运用语言的能力。

语言学习的本质，是习得双方都能理解的表达方式和表达思维。因此，在学习语言的过程中，相比单纯的背诵，更重要的是感知、理解、应用特定情境中的表达方式和表达思维——什么样的词句描写会更生动？什么样的结构行文会更流畅？如何评价文中的人、事、物？……只有将字、词、句、篇和具体的情境相结合，这些孤立的语言知识才能变得鲜活起来，才能让孩子更深刻地体会和理解不同语言对应的大概念。通过解决不同情境下的真实问题，孩子既习得了知识本身，又学会了灵活运用。接下来，我们将从语文和英语学习的常见问题入手，看看大概念理念对孩子的语言学习有何助益。

大概念如何助力孩子的语文学习

2022年4月21日，教育部颁布了最新的《义务教育语文课程标准（2022年版）》，并明确指出：

> 语文课程应引导学生热爱国家通用语言文字，在真实的语言运用情境中，通过积极的语言实践，积累语言经验，体会语言文字的特点和运用规律，培养语言文字运用能力；同时，发展思维能力，提升思维品质，形成自觉的审美意识，培养高雅的审美情趣，积淀丰厚的文化底蕴，继承和弘扬中华优秀传统文化、革命文化、社会主义先进文化，增强对习近平新时代中国特色社会主义思想的理解和认识，全面提升核心素养。

与理科学习一样，在新课标的指导下，解决真实情境问题的能力也是语文学科的核心素养。而以大概念的理念作为课程设计的底层理念，能够让孩子从识字、阅读、写作等方面入手，更加注重知识本质，从而改善学习模式；在理解语文这一学科的特点和规律时，也能够基于大概念知识结构化的特点，构建基础结构体系，促进孩子培养准确理解文本内容的能力，逐渐拥有良好的语文素养，从而将所学、所想迁移应用于真实的语言情境中。

多读书就能有效提高阅读能力吗

阅读是语文学习的重要环节。很多家长非常重视孩子的阅读能力，但他们关于提高阅读能力的方式、方法却有待商榷：当孩子在阅读部分频频失分时，你是否认为是孩子读的书不够多，从而为他购买大量的图书？那么，多读书就一定能有效提高阅读能力吗？答案是：不能。

我们在生活中经常会遇到这样的问题：孩子刚刚看完一篇文章，却支支吾吾说不出来讲了什么；花一周时间读完了一本精彩的名著，很多人物和情节却不太记得了；反复读了很多遍的充满哲理的语段，却没有任何感想和体悟……

之所以出现这些现象，主要是因为孩子在读书时只停留在阅读文字本身，对其中所蕴含的意义和情感没有进行深入的思考和理解。因此，孩子虽然读了很多书，但所读内容无法与自身发生联系，不能将阅读的内容转化为自己的收获和积累，阅读能力自然无法得到训练和提高。

“大概念”视角下的阅读学习旨在让孩子清楚地知道自己学的是什么，理解所学知识和技能之间的内在联系，并能在真实的生活中加以运用，熟练地解决核心任务中的真实问题，即通过阅读让孩子逐渐学会“在真实世界得心应手地生活”。

在阅读的过程中，我们可以引导孩子将书中内容与生活情境连接，这样书本上的文字就可以转化为孩子个人生活体验的一部分，如此理解才会深入，印象才能深刻。

当看到美好的春色时，我们也可以想一想曾读过哪些描写春天的诗文。当文字与眼前的景色相契合时，我们就更能感同身受地理解诗文的内容和情感了。我们读到老舍先生笔下的猫时，可以观察一下在生活中小猫是否会有文中所写的行为，也可以想想除了文中的描述，我们还发现了小猫的哪些特点，从而更好地理解作者对小动物的感情。

它要是高兴，能比谁都温柔可亲：用身子蹭你的腿，把脖子伸出来让你给它抓痒，或是在你写作的时候，跳上桌来，在稿纸上踩印几朵小梅花。它还会丰富多腔地叫唤，长短不同，粗细各异，变化多端……

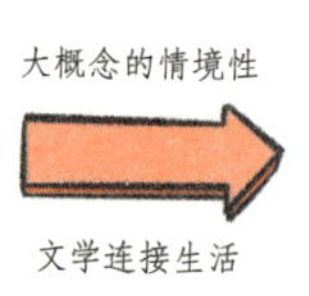

除此之外，我们还可以利用大概念中结构性的思维方式，帮助孩子将一些复杂的阅读策略和方法梳理成完整清晰的知识网络，并通过适量的阅读练习，让孩子高效熟练掌握。

总而言之，要想有效提高阅读能力，只做到“多读书”是远远不够的。我们可以运用大概念理念，将所读内容融入生活情境，在情境中体悟文学的内涵，加深对作品的理解；同时掌握一定的阅读策略和方法，做到更有效率地阅

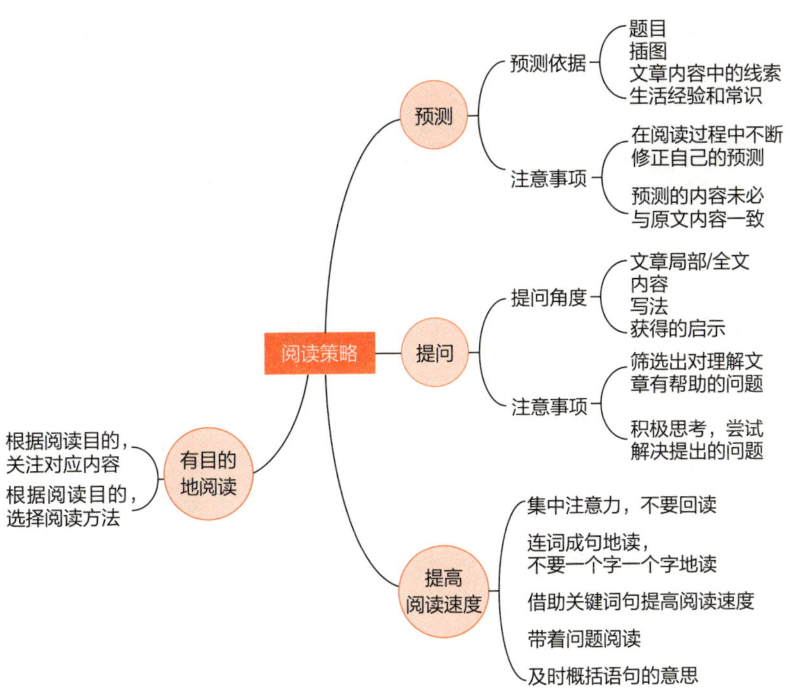

读，更准确地将自己的阅读感悟表达出来，从而提升阅读能力。

孩子作文写不好怎么办

在语文学习中，写作是孩子要面临的一项巨大挑战。孩子虽然学习了各种文体的写作知识，也背了很多范文，但真正写作时却状况百出：有的孩子半天写不出一个字；有的孩子好不容易把字数凑够了，却写得像流水账一样，内容空洞，缺乏真挚的情感……

从这些现象中，我们可以看出孩子写作最需要解决的问题就是没有内容可写，没有技法可用。要想真正解决这个问题，我们就需要借助大概念的思想和理论——真实性、结构性及迁移性来学习写作。

首先，真实性是指让孩子在真实情境中进行写作，让孩子真正做到能够写出真人真事、真情实感，让孩子用自己的语言记录自己的生活、抒发自己的情感。下面举一个真实的例子：

朋友家的孩子汤圆，今年刚上三年级，开学时老师布置了一篇作文——我的朋友，要求写出朋友之间的友谊。汤圆苦思冥想写了自己的同桌小花，讲述了她们之间的故事：运动会上，汤圆摔倒受伤了，小花把汤圆送到了校医务室。汤圆的作文一共只写了100多字。朋友觉得体现友谊的事例挺好的，就是文章太短了，可汤圆说她尽力了，没什么内容可写了。朋友引导汤圆，说："可以写写你是如何受伤的，小花看到你受伤时是如何做的，有没有说什么。"汤圆这才告诉妈妈，她在比赛中并没有摔倒，小花也没有送她去校医务室，这个事例完全是她虚构的。

汤圆为什么写不长呢？因为她和朋友之间的故事是她想象出来的，并没有发生过这样的事情，她的选材缺乏真实性，自然写不出更多内容。

于是朋友对汤圆进行了辅导，让她把事例换成她和小花之间真实发生的事，这次汤圆居然洋洋洒洒写了四五百字。可见，作文来源于真实且熟悉的生活，遵循大概念中的“真实性”，孩子是能写出篇幅较长的作文的。总而言之，只有将写作融入真实情境中，孩子的写作能力才能真正有所提高。

不过，只遵循大概念的“真实性”是不够的，如果孩子把生活经历事无巨细地都搬到作文中，写出的文章可能就显得有些冗长。因此，我们还需要借助大概念的“结构性”和“迁移性”，帮助孩子学会用写作技法来构建一篇优秀的作文，即对生活素材进行结构安排和语言加工。我们接着看汤圆的例子：

不出朋友所料，汤圆的作文有点细碎而平淡，因为她什么都写了，并且都是大白话，而一篇优秀的作文是需要运用写作手法的。接下来，朋友对汤圆的作文进行了第二次辅导，她找了一篇文章《小木船》，先让汤圆概括《小木船》的主要内容和中心思想，汤圆总结出文章主要讲述了“我”和陈明之间本是好朋友，因小木船被陈明弄坏，“我”和陈明反目，后来陈明又送给我一艘新的小木船，最后两人和好如初的故事，表达了朋友之间要互相理解、珍视友情的中心思想。然后朋友问汤圆是从哪些地方总结出的主要内容和中心思想，汤圆说是看文章先写了什么、再写了什么，发现文章是按照起因—经过—结果写的，然后看看哪些内容字数写得多一些，这样就能概括出主要内容和中心思想了。通过两个简单的问题，汤圆明白了，要写一篇中心明确的优秀作文需要有行文结构，即先写什么，再写什么，重点写什么，还要用一些好词好句把重点内容写得更好。

显然，汤圆已经有意识地开始注重“结构性”了，只要她坚持训练自己的结构性思维，相信在不久的将来，她的作文就会有质的飞跃。

作为家长，我们也可以将大概念的“结构性”“迁移性”融入孩子的日常学习中，以提高孩子的写作技能。孩子在校内每天都会学习课文，这些课文就可以成为提高写作技能的媒介。

比如，孩子在学习朱自清《背影》这篇课文的时候，就可以找出里面最打动自己的段落和句子，然后分析为什么能够打动自己，再提炼作者的写作手法。分析完课文后，我们还需要引导孩子做一个关键性的动作——迁移，迁移到真实情境中，让孩子想想生活中父亲做过什么让自己印象深刻的事情，这件事的前因后果是什么，事件中父亲又有哪些触动孩子内心的行动细节。

语文写作不应只停留在课堂上，还应走出课堂。通过迁移到真实情境，孩子能更好地理解课文，同时也能将课文的结构及精彩段落的写作技法迁移应用到自己的作文中，这样作文就走出了课堂。

总而言之，写作文就是用自己的语言记录自己的生活、抒发自己的情感。家长要引导孩子从生活经历中选取写作素材，从阅读经历中领悟写作技巧，让孩子学会结构性思维、真实性理解、迁移性应用，从而真正学会写作。

大概念和语文学习有怎样的关联

语文课标对语文课程和语文学习有很重要的指导作用。2018年，教育部颁发的《普通高中课程标准》提炼了各个学科的核心素养，明确提到要以“大概念”为核心统合各学科课程内容，促进学科核心素养的落实。2022年，教育部重新修订并颁布了《义务教育语文课程标准》，“让核心素养落地”是本次课程标准修订的工作重点，而大概念是促进学科核心素养落实的关键所在。

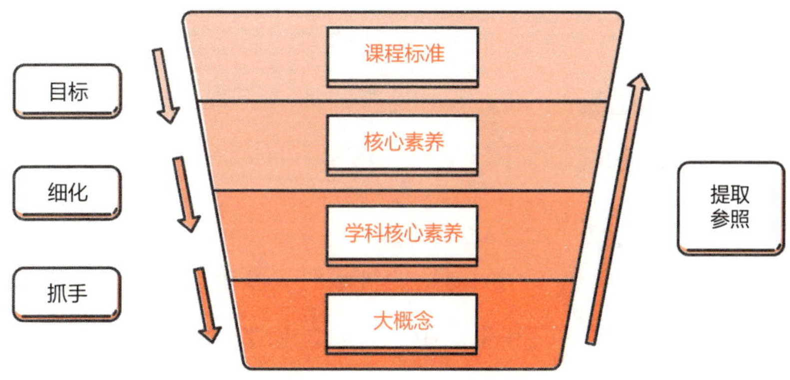

下面，从语文新课标入手，我们一起来了解一下大概念和语文学习的关联。

1. 提高学习能力

“大概念”是将知识转化为能力素养的重要方式，有助于培养孩子具备未来学习和生活所需的基本素养和思维能力。对于语文学习而言，不能只局限于书本上固有的知识，脱离实际生活死记硬背、机械训练，而应该从生活场景、具体情况出发，提高学习的趣味性和吸引力。我们在平时的生活中，可以设计趣味活动，帮助孩子联系生活场景，加强语文知识与实际生活的关联。

比如，孩子在学校学习了《十五夜望月》这首跟中秋节相关的诗歌后，我们就可以在家里组织一些活动，帮助孩子更好地理解诗歌及其要表达的思想感情，比如每个家庭成员都分别分享与中秋节相关的故事，共同吟唱与月亮相关的古诗词，玩飞花令的游戏，等等。

这些活动能够提高孩子的表达能力、逻辑思维能力及发现美、感受美的能力。通过设计这样的趣味活动，孩子会乐于参与，并有所收获。

2. 积极应对挑战

大概念强调孩子在面对新的挑战时，要能够运用知识和技能，有效地解决学习和生活中的问题。为了达成这个目标，我们要帮助孩子找到语文学习和社会生活之间的关联，将学校里学到的知识与真实生活结合起来。

以部编版小学语文四年级上册第一单元为例，这个单元以“自然之美”为主题编排了《观潮》《走月亮》《现代诗二首》《繁星》四篇课文，综合单元的主要内容，我们可以把本单元的大概念总结为：调动多种感官，品味语言文字，想象画面，能更好地感受自然之美。

孩子学习了这一单元之后，我们在外出参观或旅游时，可以引导孩子关注景点的特别之处，并从不同角度用语言清晰连贯地描述出来。同时，我们可以和孩子多交流，多沟通，看到眼前的美景，聊一聊彼此的感受和心情。当孩子能够把学校学到的知识和生活相联系，并根据不同的情况选择恰当的方法来解决问题时，学习效果就大大提升了。

3. 完善自我评价

我们可以多维度地评价孩子，不仅包括考试成绩，还涉及平时的表现，包括课前预习、课堂听课、课后作业的情况，以及课堂讨论、上台展示等环节的情况。除此之外，大概念对孩子各方面的评价还关注是否能解决复杂的问题，满足未来的发展需要。

如果留心近些年孩子的试卷，我们就会发现考试不仅考查孩子是否能认清字形、读准字音、掌握汉字的基本意义，还会考查在具体语言环境中孩子是否能恰当运用汉字（如题1）；是否能针对文章中的重点内容发表见解、表达看法（如题2）；是否能把已有的知识和技能迁移到对其他知识的考查当中（如题3）。

题1

2021年12月9日，“天宫课堂”在中国空间站正式开讲。短短60分钟的时间，3位宇航员演示了在失重环境下的细胞学实验、人体运动、液体表面张力等神奇现象，讲解了背后的科学原理。太空实验在日常生活中几乎接触不到，这节堪称网课“天花板”的直播课，不仅让同学们目睹了奇妙的太空实验，还在他们心里埋下了攀登科学高峰的种子。

“天花板”一词是现在人们常说的流行语。结合材料内容，你觉得它的意思应该是（　　）。

A. 建筑材料，在生活中被广泛应用

B. 室内天棚，有的有雕刻或者彩绘

C. 程度极高，高得几乎无法被超越

D. 指第一次，以前从来没有发生过

题2

当下，人们对小学生读鲁迅作品众说纷纭。以下是两条网络留言，请你仔细阅读，将自己对此问题的想法以跟帖的形式写在横线上。

@随便说说：对小学生而言，要理解鲁迅作品的内涵和深度太难了，应该长大些再读。

@直抒胸臆：鲁迅作品是种精神的象征，不同年龄读会有不同的体验和感受。

@我：____

____

题3

谁也忘不了入冬前的那个夜晚：男女老少齐上阵，抬的抬，搬的搬，铁锤钢钎和各种工具撞击石头的声音响成一片。张富清手持铁钎，弯着腰憋足了劲儿，将大石块往悬崖边上撬，头上热汗涔涔；一个身强体壮的小伙子，用力抡着大镐，猛砸坚硬的石块；一位白发苍苍的老大爷，弓着身子就势将堆积在悬崖边的石块推下悬崖……

在上面的文段中，作者采用了点面结合的写法写劳动场面。请你先在括号里填写恰当的内容，再运用点面结合的写法，从“精彩纷呈的运动会”“生动有趣的课堂”“温馨祥和的家庭聚会”中任选一个场面写一段话。

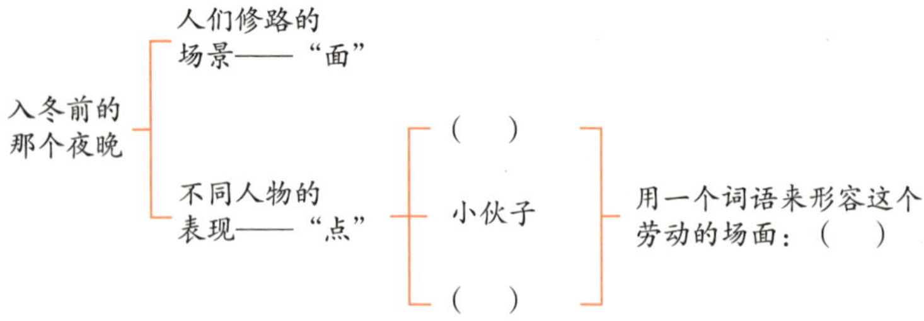

通过上面的这些题目，我们可以预见未来考试题目变化的多样性，因此孩子必须以提升语文素养为目标，跳脱出零散的碎片化知识，找到知识之间的关联，清楚不同知识之间的差异，用知识结构化的视角来学习。同时，我们要更新自己的教育评价观念：不仅要关注结果，更要关注孩子学习的过程；不仅要关注孩子的知识掌握情况，还要关注孩子的能力和品格。

总而言之，基于大概念的语文学习，家长一定要做到：帮助孩子提高学习能力，积极应对挑战，完善自我评价。

如何挑选基于大概念的语文学习资源

读到这里我们可以发现，基于大概念理念，重视在具体情境中的阅读和思考才能让孩子避免遇到读不进去、写不出来的困境，从而真正提升孩子的综合能力，以解决现实生活中的真实问题。

因为大概念是新课标明确提倡的前沿教育理念，所以家长在实际辅导过程中可能会面临不会教、没材料的问题，需要更多优质的学习资源来辅助提升孩子的语文素养。那么，面对市面上的诸多产品，家长如何才能挑选出基于大概念的语文学习资源呢?

在挑选语文学习资源的时候，要选择具有情境性、实践性、综合性的课程和教辅。

具体而言，可以从以下三个维度来检验。

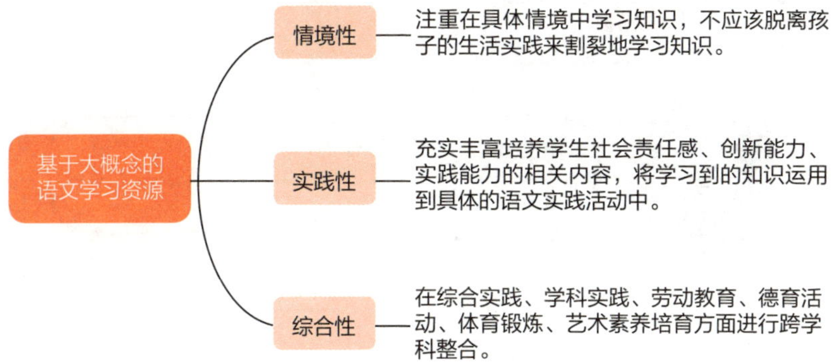

1. 该课程或教辅是否创设了具体的情境

具体的情境有助于孩子理解、运用知识，提高情境运用能力。情境包括生活情境、时事情境和文学情境。一方面，可以在课堂中加入生活情境，比如，猿辅导在其课堂中，设置了“小学生是否应该穿校服”的辩论会，通过互动课件的形式让孩子可以真实地参与讨论（如下页示例1）；另一方面，在题干中可以结合新闻时事、名著材料，在巩固知识的同时提高综合素养（如下页示例2）。

示例1

示例2

五年级开展了“请党放心，强国有我”的主题教育活动。下面是同学们为制作小报收集的相关资料，按要求完成题目。

袁隆平、于敏、屠呦呦……是首批“共和国勋章”获得者。屏幕上 rè bō 的电视剧《功勋》，就取材于他们的真实故事。剧中的于敏爷爷终日伏案演算，计算用的稿纸 bù kě jì shǔ ，他填补了中国原子核理论的空白。青蒿是一种普通的植物，人们并不稀罕它，但是，屠呦呦奶奶整日在实验室里 máng lù ，从青蒿中研制出抗疟新药，造福世人……他们是国之脊梁，是真正的 yīng xióng 。少年儿童要以他们为榜样，坚定理想信念，续写 huī huáng 。

1. 根据短文中的汉语拼音，在下面的横线上，按顺序写出词语，注意把字写美观。

________　________　________　________　________

2. 短文中的“痣”字用部首查字法，应查_____部，除部首____外还剩____画。

3. 下列选项中与“稀罕”一词意思相同的一项是（　）。

A. 钱学森不稀罕国外优厚的待遇，克服重重阻力，毅然回国。

B. 圆明园中的十二生肖铜首，每一件都是稀罕而珍贵的文物。

C. 骆驼在南方是稀罕动物，但是在大漠里十分常见。

D. 父亲糊的万花筒，在那个年代是稀罕的玩具，我十分珍惜。

2. 该课程或教辅是否设计了实践活动

实践活动有助于孩子巩固、迁移知识，提高实践应用能力。比如，在“走进不同时代，感受别样童年”的综合性实践活动中，家长可以引导孩子列出问题清单，了解长辈的童年生活。

创新题

语言实践运用。

（1）高考成绩揭晓，远方的表哥成绩特别优异，被北京大学录取了。请你给他发条短信表示祝贺。将短信的内容写在下面的横线上。

____

____

（2）红星小学五年级二班开展了主题为“走进不同时代，感受别样童年”的综合性实践活动，老师要求同学们回家了解一下大人们的童年故事。你想了解的对象是谁？最想了解的两个问题又是什么呢？请你列一个清单。

我想了解的对象	我的问题清单
	① ②

3. 该课程或教辅是否进行了跨学科整合

跨学科整合指综合多门课程知识，在课程和教辅中加入跨学科活动。比如，通过一副对联，综合考查语文的对联知识和数学的算术应用。

你能根据下面两句贺联，猜出这位老人的年龄是多少岁吗？（ ）

上联：花甲重开，又加三七岁月

下联：古稀双庆，更多一度春秋

A.121　　B.141　　C.151　　D.157

总之，家长在挑选语文学习资源时，要观察这些课程和教辅的教学理念和学习方式，是否能让孩子深入到具体情境中，并从中体悟字、词、句、篇的用法与好处，思考应对情境中的问题，从而能够迁移应用到自己日常的阅读和表达中。

大概念如何助力孩子的英语学习

单词记不住该怎么办

提及英语学习，大家讨论的热点话题一定会涉及记单词。很多文章介绍了各种各样记单词的方法，例如口诀记忆法、词根词缀记忆法、单词卡片记忆法等，不一而足。可孩子的记忆过程还是很痛苦，家长也跟着焦虑；某些单词好不容易记住了，但在考试中还是经常出错，在表达时也不知道如何运用。

其实，这些广为流传的记单词的方法并非完全无效，只是在选择方法的时候，一定要考虑目前孩子的基础。比如，让一个刚入门的孩子使用词根词缀记忆法，是很难看到效果的，原因之一是很多符合词根词缀规律的单词都超出了小学生的学习范畴，比如前缀 com 表示共同，combine 意为结合，compete 意为竞争，company 意为公司。这是小学阶段几乎不会涉及的，而且记忆很多词根词缀也会给小学生增加额外的负担。原因之二是很多词根词缀需要有一定的词汇积累之后才能被学生感知到，才具备形成规律的可能。也就是说词根词缀记忆法并不是无用的方法，而是更适合有一定英语积累且认知水平较高的学生。

由此，许多家长就开始困惑，有没有哪个记单词的方法能够适用于全年龄段的学生呢？这需要我们将学习目标、学习方法和记忆方式这三个角度结合起来探讨。

首先，我们需要明确学习目标。大概念的提出，要求单元教学重点要由关注学生对知识点的掌握转向对知识的理解，由碎片化的知识状态转向清晰的学科大概念的形成。从英语语言学习的角度来说，记单词只是学习这门语言的碎片化知识，是过程性目标。单纯地记忆单词不等同于学习英语这门语言，也不是我们的结果性目标。以中文来举例类比，我们认识、记住一个汉字其实是为了在用中文进行交流的时候能够理解含义、表达想法。但是，我们孤立地记住一个汉字是没有意义的，比如我们给一个外国朋友解释“生”这个字时，会发现其实是很难的，因为这个字在“生疏”“学生”“生活”这些不同词语中的含义是不同的，那么，单词之于英语语言来说也是如此。因此，我们在谈论如何记单词这个话题时，建议大家把目标定在理解某一话题、表达特定含义这样的结果性目标上，如果这个目标达成了，那么相应的这个话题下的单词也就记住了。比如，我们想要谈论自己喜欢的季节及原因的时候，就会涉及关于四季的词汇、描述天气的词汇、四季的活动类的短语等。当孩子能够用英语与他人交流某个话题时，单词自然就记住了。

接着，我们需要选择适合当前阶段的学习方法。如果说词根词缀记忆法适合高年级的学生，那么有没有适合全年龄段的通用方法呢？答案是：有，那就是利用“语境”。

语境的意义在于为学生创造真正使用单词的情境，也就是告诉你这个单词学习的终点，即你学会之后用在什么地方，以终为始地去激发学生内在的学习目的，这样才能通过语言最本质的交流属性去理解英语的大概念。想想我们小时候牙牙学语说中文时，是我们的生活环境需要我们去理解他人说的话，也需要我们表达自己的想法。而英文和中文的不同之处在于，不同的英文单词的含义很难从中文翻译上直接区分开来，如果只是孤立地记住单词的含义，在不同的情境中是无法灵活运用的。比如 look、watch、see，这三个单词孩子记住的意思都是“看”，可是它们有什么区别呢？看黑板应该用哪个“看”？看电视又应该用哪个“看”？这时候只记住单词的含义是不够的，孩子必须结合语境去理解每个单词应该用在哪种特定的语境中，这才算真正学会了这个单词。

想要结合语境来学单词，最好的方式就是在篇章中进行学习，因为一篇文章或者一段对话一定自带丰富而具体的情境。在具体的情境中，孩子才能感受到 look 强调“专注地看”，常和 at 搭配使用，比如老师让学生注意看黑板是“look at the blackboard”；而 watch 强调“持久观看”，比如孩子在周末看电视是“watch TV”；see 则强调“看见的结果”，比如孩子在天空中看见一只鸟是“see a bird”。结合语境来理解在篇章中出现的短语的含义，要比孤立地背单词更有效。

一定不能孤立、零碎地学习单词，这样会让孩子的记忆负担越来越重。要把单词放回到使用单词的短语、句子、篇章中去，在具体的语境中学习单词，如此孩子才能理解单词的内涵，孩子学到的才是相关联的、有意义的知识。通过这种学习方式记住的单词，孩子就很难忘记了。

现在，具体的考题也越来越强调将单词含义与具体语境联合起来进行考查。下面来看这样一道考题：

看指示牌，请选择相应的层数。

A：4F cinema

B：3F sports world

C：2F women's department

D：1F children's clothing

(1) I want to buy a new basketball.

(2) I'd like to buy a pair of trousers for my little boy.

(3) I'm going to see a new film.

(4) I'm looking for a hat for my grandma.

题目模拟了商场中不同楼层的指示牌，要求孩子根据不同的购物或活动场景匹配不同的楼层。这道题还是在考词汇，但并不是孤立地问词汇的具体含义，而是把词汇含义和其中会发生的购物或活动场景联系起来。这就要求孩子在学习相应词汇的时候，不能只是记忆含义，还要在具体的语境中联系对应地点会发生的活动一起学习，这样学到的知识才是能学以致用的灵活的知识。

以上说的是被动的语境，也就是课堂、教材或学习资料等为我们创造的语境。如果想让语言学习更有效，我们一定要注意在学习过程中主动创造语境。在孩子学习关于材料的单词时，例如 wood（木制的）、metal（金属的）、plastic（塑料的），你可以试着让他给自己的日常生活用品分类，介绍一下它们的制作材料。想想孩子学中文的时候，语文老师不是也要求孩子用刚学的成语造句吗？语言的学习一定要在学过之后多输出，虽然偶尔会使用不当或有些错误，但正是这样不断输出、不断纠偏，才能真正将孤立的单词记住、理解并加以应用。在日常学习中，家长还可以引导孩子阅读不同主题、不同类型的内容，并鼓励孩子在阅读后表达自己对该主题、该文章的看法。阅读语篇的主题可以从孩子的日常生活、校园生活，到中外社会文化、科学技术，再到自然生态、环境保护等。内容的类型可以从歌谣、对话，到故事、日记，再到各类应用文包括书信、通知，以及生活中会遇到的菜单、告知牌等。随着孩子年级升高，家长还可以引导孩子多阅读规整的记叙文、说明文。在尽可能丰富而多元的篇章内容中，孩子能接触到更多的场景与情境，从而对各类单词的内涵和应用场景产生更深刻的理解，对相关单词的运用也能更熟练。

当我们能够充分借助语境去学习单词的时候，如何能让大脑记住单词呢？那就离不开“重复”。现在人们使用的都是电脑和手机，偶尔要写点东西就会有提笔忘字的情况，这就是因为重复得太少。我们学习母语中文是如此，学习作为第二语言的英语更是如此。要注意的是，这里说的重复不是让我们去抄单词这样的机械重复，而是“有意义的重复”。在此，我们又要提到中文和英文的不同了，中文是象形文字，是由一个个长得像真实的事物的符号演变而来的，汉字符号隐含着这个汉字的含义，但无法通过汉字的形来判断汉字的发音。我们学习中文的时候，既要记住汉字的发音，又要记住汉字的写法，这也是孩子们在学中文时要用田字格一遍又一遍练习汉字书写的原因。但是同样的方法并不适用于英文的学习，因为英文是表音文字，我们从单词的“长相”上是看不出单词的含义的，而英语单词的拼写却蕴含着发音的秘密，也就是我们常说的“自然拼读”，我们能通过单词的发音来拼写这个单词，也能通过单词的拼写来读出这个单词。

如果说对于中文的有效重复是通过书写去强化汉字的字形，那么对于英文来说，有效的重复就是通过多听、多说去强化记忆单词的发音。这时再结合真实的语境，就既能熟练掌握单词的发音、拼写，又能熟知单词的含义、用法。英语语言的这个特点，也就是英语学科的本质被我们认识到之后，我们就能从大概念的角度来学习英语了。

当然，重复也分为被动重复和主动重复，被动重复是反复多次地输入，主动重复是反复多次地输出，两者结合能让重复的效果最大限度地发挥出来。被动重复在输入的过程中进行，在各类型的话题中会反复用到的词汇通过大量的输入被我们的大脑强化记忆。初中毕业要求必须掌握的1600个单词就属于非常常见的单词，只要我们有意识地去看、去听并阅读一些文章，就会发现这些单词是会频繁出现的。当然到了高中，一些特定话题的单词如果想要被动重复，就要有意识地去寻找与该话题相关的文章或材料进行输入。主动重复的难度会更高，小学阶段的孩子可以通过游戏、歌曲等有趣的方式进行核心单词的主动重复。到了初中，孩子可以通过写某个话题的英文作文进行有逻辑的主动重复。高中生可以尝试结合社会热点或自己感兴趣的话题来演讲、写作、辩论，进行主动重复。其实，无论是中文还是英文，都是一门语言，是我们用来和世界连接、交流的工具，这就好比英雄的一把宝剑，只有经过反复磨炼才能保持宝剑的锋利。

语法规则太枯燥，应该怎么学

对许多孩子来说，学习语法在很大程度上也就意味着死记硬背、枯燥乏味。比如动词的各种时态、单词的各种变化形式等，孩子就算强行记住了，在考试时还是容易出错。这是因为英语的许多语法规则在中文里并不存在，孩子如果只是单纯记住了这些语法规则，在实际遣词造句时仍很容易因受到母语的影响而出错。那么关于语法，有没有不那么枯燥而又行之有效的学习方法呢?

要想解决这个问题，就要在语境中学习和运用语法规则。

孩子学习语法的目的，并不仅仅是做对特定的语法题，更重要的是能在具体的情境中准确地理解和表达含义。因此学习语法时，不能脱离情境孤立地记忆语法规则，而应该在情境中让孩子自己领悟并尝试提取语法规则，只有这样，学习才是有效且有意义的。

我们以一个让很多孩子头疼的语法现象“现在完成时”为例，来阐述一下在语境中学习语法的重要性。在学习现在完成时的时候，孩子总是很难辨别到底应该在什么场合使用这种时态。这是因为在中文里没有不同时态的划分，所以孩子理解起来就觉得有难度。如果孩子只是被动地记忆“现在完成时的标志词是 just、already 和 yet”这样的语法规则，那他就无法真正理解这三个标志词到底该用在什么场合。

但是，如果给孩子一张日历（如下图），日历中用日期

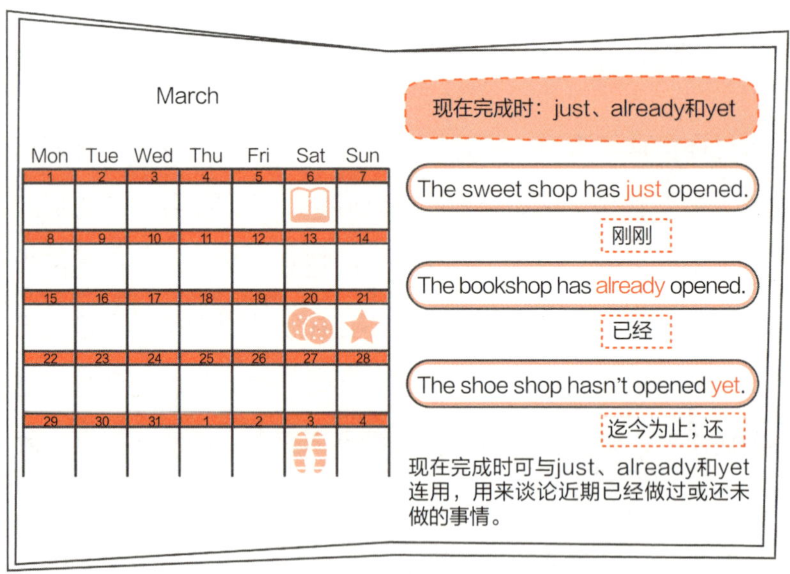

清晰地呈现糖果店是不久之前开业的（The sweet shop has just opened.），书店是在此之前开业的（The bookshop has already opened.），鞋店还没有开业（The shoe shop hasn't opened yet.）这三种状态，那孩子就能清楚地理解 just、already 和 yet 的使用场景，进而明白在这三种语境中都应该使用“现在完成时”这一时态。

上述例子生动地体现出在具体语境中学习语法的好处。通过这种方式，孩子不再需要死记硬背语法规则，而是能在语境中很自然地理解并学会利用语法知识准确表达含义。这样的学习过程自然是更加丰满、有效的，而且前文所说的“好不容易记住了语法却还是出错”这一情况也能在很大程度上得以避免。

事实上，如今的英语考题也越来越强调将语法放入具体的语境中进行考查，我们不妨来看看下面这道题：

阅读以下句子和短语，将它们拼接成语义通顺的句子。

（1）The trash bins are used to__________________.

（2）We arrived at the airport in time to__________________.

（3）My water bottle is brown and__________________.

A. catch the plane

B. keep the garden clean and tidy

C. in the shape of a bear

以第（1）小题为例，如果孤立地按照语法规则来解题，比如不定式“to”后要加动词原形，并不能找出正确答案，因为选项 A 和 B 都是动词原形，这时就需要借助语境来选择符合句意的选项。很明显，这种题型不再单纯考查语法规则，而主要是在考查语句的含义，这就需要依托语境来解题。

总之，学习语法不能只是孤立地记忆规则，还需要把它放在语境中去发现、理解、提炼、总结和运用，这样才能真正转化为自己的知识。因此，家长在陪伴孩子阅读不同主题的语篇时，可以有意识地引导孩子去发现文段中所使用的语法知识，让孩子在语境中及时主动地发现和提取语法规则，如此孩子就能通过不同的语境强化对语法的理解和运用。

为什么狂刷阅读题却没什么用

在大多数英语考试中，分数占比最高的板块都是阅读理解。为了提升孩子的阅读水平，许多家长会买来各种英语阅读教辅资料让孩子练习。可练着练着，孩子很容易因为看不到什么进步就中途放弃了。即使有些孩子在家长的要求下坚持了下来，孩子的阅读水平也没有得到实质性的提升，而且这也不符合大概念倡导的“学会学习”的理念。因此，在阅读的过程中，孩子需要有意识地锻炼高效的阅读方法，培养提取信息、梳理信息、推断信息的能力，这样才能有针对性地提升阅读水平，也能更有效地掌握英语篇章的框架结构。

1. 提取信息

阅读应用性的文本，比如海报、飞机票、菜单等，要着重

(1) The name of the restaurant is______.

A. BIG KITCHEN　　B. BURGER KING　　C. BIG BURGER

(2) There are______kinds（种类） of food in the restaurant.

A. three　　B. four　　C. five

(3) If you buy a Beef Burger and a cup of Orange, you should pay______.

A. $ 12　　B. $ 12.5　　C. $ 9.5

(4) You should only pay______for a Kingfish Sandwich after 9 p.m.

A. $ 12　　B. $ 1.2　　C. $ 10.8

培养孩子提取信息的能力，并提高提取信息的准确度和速度。由于这些应用型素材和日常生活息息相关，因此孩子理解起来不是很困难。孩子需要学会的是如何快速提取主要信息和题干中要求的细节信息。接下来，我们就以前面那张菜单为例，具体讲解一下。

先看图片，我们很快判断出这是一张菜单。再看题干，这几道题分别在询问餐厅的名称、食物的种类、菜品的价格等。知道要提取什么信息了，那该如何提取呢？我们需要注意到菜单是分区的，最上方是餐厅名称，下方用虚线分隔开的是不同种类的餐品及其价格，右下角突出显示的是在晚上 9 点之后餐厅会打九折。看懂了整张菜单的结构之后，我们就能很迅速地找到对应的信息来作答了。

孩子在阅读其他类型的文本时，也需要锻炼自己提取文本结构和信息的能力，还要注意应该先观察文本的每个部分都有什么作用，这样在提取信息时就能有的放矢。

2. 梳理信息

在阅读篇幅相对较长的篇章时，孩子可能会注意到文本中的很多细节。如果不进行梳理总结，那他就只会记住零散的内容和孤立的细节，而无法对文章的整体脉络进行把握和理解。因此，在阅读这类文本时，孩子要着重锻炼梳理信息的能力，可以利用各种形式的图表、思维导图等来梳理文章的框架结构。

对于有清晰时间顺序的文章，孩子可以根据时间线对故事情节进行梳理，这样就能看到情节发展的整体脉络。如果是描述人物的文章，孩子可以用思维导图画出人物的不同方面，这样就能对人物有更完整清晰的认识。如果是表达观点的论述性文章，孩子可以按照论证结构梳理出核心论点和分论点，这样就能更好地把握作者的观点和态度。

以上都只是一些梳理文章框架结构的举例，梳理信息时只要能将文章内容按照一定结构清晰呈现即可，并没有固定之法。当孩子能够通过思维导图熟练地梳理文章结构之后，我们还可以训练孩子通过阅读文章中每一段的首末句或者主题句，更加快速地把握文章的叙事或论证结构。相比刷更多的阅读题，掌握理清文章结构的能力能更有效地提升孩子的阅读水平。

3. 推理信息

孩子在阅读长文本时，除了要对文章内的信息进行梳理总结，还要锻炼推断信息的能力。在孩子开始阅读一篇文章之前，看到插图和标题时，我们就可以引导孩子大致猜测一下文章的内容。等开始阅读之后，孩子还可以对比一下文章实际所写和自己的猜测有什么不同，这不仅能使他更好地理解文章内容，还能培养他的批判能力与创新能力。

孩子在阅读过程中，遇到不认识的词汇时不应急着去查词典，而应先尝试根据上下文来推断单词的含义，再去查词典进行比对。推断词义的方法有很多，可以通过上下文的描述或解释来推断，还可以借助单词本身的含义展开联想。相比记忆这些方法，更重要的是孩子在阅读过程中能不断积累推断词义的经验。

除了推断词义，孩子在阅读时还需要推断作者想表达的思想情感，真正读懂作者的言外之意。比如当他读完一则寓言故事后，我们可以引导他思考文中的人物为什么会有那样的行为，作者想告诉我们什么样的道理。当他读完一篇介绍人物的文章后，我们可以问问他作者对这个人物的情感是否有什么变化。如果孩子读完了一段突然中止的故事，还可以让孩子对情节的发展进行推测。这种层次的推断能力要求孩子从已知信息推断出未知信息，因此他必须基于自己的生活经验和阅读经验对整篇文章有整体的把握。这和大概念强调要“从已知出发，通过学习获得语言能力”是不谋而合的。

总而言之，要想提升阅读水平，光刷题是没用的，而应该运用科学的学习方法，学会提取信息、梳理信息、推断信息，从而提升英语的综合运用能力。

孩子不愿动笔写作怎么办

写作是不少孩子的拦路虎。孩子在写语文作文时，即使没有完整的框架思路，也能写出几句话，这是因为中文作为母语，孩子于日常沟通中就在频繁地输出。而写英文作文时，孩子很容易“卡住”，不知道该从哪儿写起，这是因为孩子日常缺乏英文表达的环境，所以对写英文作文更易产生恐惧和逃避心理。

要缓解孩子的这种心理，我们需要基于大概念的理念，让孩子学会在新旧知识之间建立起联系。也就是说，我们要帮助孩子从已有的知识结构中，提取可理解的表达范式进行练笔，从而轻松开启孩子的英文写作之旅。

不同年龄段的孩子的写作目标不一样，比如刚学写作的孩子只需要做到完整连贯的表达即可，而初高中的孩子则要尽可能写出结构严谨、环环相扣的篇章。那么，这种提升该如何一步一步实现呢？对于刚学写作的孩子，模仿是一个很好的切入口。任何表达都是从模仿开始的，无论是文采斐然的遣词造句，还是层层递进的文章架构，都可以通过模仿逐渐实现。因此，当孩子看完一篇短文之后，我们可以鼓励孩子摘取其中的两三个短句进行仿写。比如当他看到“My favourite season is spring, because I can fly a kite.”（我最喜欢的季节是春天，因为我可以放风筝。）这样的话语后，我们就可以引导他思考他最喜欢什么季节，原因是什么，再仿照相应的句式写下来。比如，孩子可能会仿写出这样的句子：“My favourite season is winter, because I can make a snowman.”（我最喜欢的季节是冬天，因为我可以堆雪人。）

不要因为这两句话很短就觉得它们没有意义，其实这是孩子开启写作的重要一步。孩子需要先从例句中提取相应的语法结构，然后理解这两句话之间的因果关系，才能完成相应的仿写。此时，我们要及时鼓励孩子，以激发孩子的写作热情。

当孩子可以仿写两三个短句之后，我们就可以引导他仿写一篇小短文。从短句到文章的仿写是一个跨越，孩子需要进一步理解整个短文的组织结构，学习如何谋篇布局，比如按照时间顺序叙事、借助总分结构行文等。大概念指出，要引导学生合理利用多种工具（如可视化图形或信息结构图）获取和梳理信息，形成结构化知识。因此，我们可以鼓励孩子在读完一篇短文后，先借助思维导图将短文的结构梳理出来，这样不仅能更好地理解原文，还能在写作时更直观地模仿原文的组织结构。

接下来，我们可以让孩子对照思维导图，对这篇短文进行复述。如果复述时遇到障碍，他就可以回到原文中对照查看。在复述的过程中，他能更好地理解和掌握短文中上下文之间的逻辑，以及各种逻辑关系是如何通过不同的关联词实现的。

最后，我们就可以让孩子仿照原文的组织结构，写一篇新短文。写作完成后，孩子还可以把自己的作品和原文进行结构和关联词的对比，通过对比发现不足，不断提高写作水平。经过几次这样细致又高效的模仿，孩子很快就能体验到流畅写作

的快感。

值得注意的是，大概念的相关理论指出，孩子的学习要具有迁移性。孩子的写作可以始于模仿，但绝对不能止于模仿。孩子通过仿写消除了对英语写作的恐惧心理之后，就可以进行相对独立的写作了。虽然孩子不再需要一板一眼地对照例文进行写作，但刚开始还是需要给孩子提供一些相关的内容素材的。这些素材可以根据孩子的年龄段做出调整，比如刚开始学写作时，可以给孩子提供直观形象的图片素材，绘本或教材中的插图等都能帮助孩子练习看图说话的本领。家长可以先引导孩子学会如何观察图片，并鼓励孩子按照一定的顺序描述图片上的内容，例如使用从左至右、由近及远、从整体到局部等方法来进行描述。对图片信息有了全面的了解之后，家长就可以引导孩子运用合适的过渡词来连接这些信息，这样一篇连贯的看图写话就完成了。当孩子掌握了看图写话的能力后，家长在生活中也可以鼓励孩子用英文描述眼前发生的事情，这样他就能在各种情境中锻炼自己的英语表达能力了。

随着写作能力的提升，家长可以为孩子提供一些符合其阅读兴趣和认知特点的文章。家长要在孩子看完一篇文章后，引导他发表自己的观点，比如当他读完《龟兔赛跑》的英文故事后，可以问他：“为什么乌龟赢了？”或者：“如果你是兔子，你会怎么做？”孩子可以就自己的理解发表看法并写下来，如果有不熟悉的表达方式，还可以回到原文中寻找思路。家长还可以鼓励孩子提出自己的问题，毕竟围绕《龟兔赛跑》的故事可探讨的主题有很多。如果孩子有自己的想法，家长还可以引导他续写、改写，写出他心目中这个故事应有的结局。由此可见，围绕一篇文章，孩子能做的写作练习有很多种，关键是孩子在读文章时要有自己的想法。这也是大概念一直强调的“学科学习要注重培养孩子的思维能力”。

总之，不同阶段的孩子的写作目标不一样，因此写作方法也就不一样。我们要帮助孩子一步一个脚印，在夯实写作基础的前提下，逐渐培养创新精神，成为能清晰表达自己独特见解的写作者。

学原版教材符合大概念吗

近年来，关于英语学习兴起了一股新的潮流——让孩子学习原版教材。所谓原版教材，是指由英语母语国家出版社出版（例如剑桥大学出版社、牛津大学出版社），给母语者或英语作为第二语言的学习者所使用的教材。它们以原汁原味的英文表达而受到许多家长的追捧，这些家长认为只要学了原版教材，孩子的英文水平就一定能提高。

原版教材的确有其优势，它们是以英语国家的社会生活及文化传统为基础编写的。孩子在学习原版教材的过程中，能更好地了解英语国家的文化和习俗。而且，原版教材所使用的语言也很纯正规范，孩子在学习过程中能接触到更为地道的表达。

但相比传统教材，原版教材的知识量更大，对语言能力的要求更高，因此对孩子来说难度会更大。如果只是挑选着做一些阅读练习，或是词汇、语法练习，又容易丢掉原版教材的精华。因此，我们需要真正理解原版教材的底层逻辑，即在同一个话题概念中，将语言学习和听、说、读、写技能融会贯通，单元最后由一个应用性任务收尾，输入与输出相辅相成。这与大概念推崇的理念是一致的。很多原版教材在每一单元的开篇，都会由一个主题问题引入，例如食物从哪里来？后续的内容设置和听、说、读、写练习也会围绕着这一主题展开，让孩子在具体的情境中综合训练各项技能。

由此可见，如果想让孩子真正习得原汁原味的英语，还是要基于大概念理念进行学习。孩子要学会在特定的情景中掌握其中的词汇用法、语法结构、篇章布局，培养提取信息、梳理信息、推理信息的能力，并在情境中完成思考与表达。这样孩子学习到的才不会是一篇篇零散的文章，而是围绕同一主题通过不同语篇实现了对语言的理解和运用。

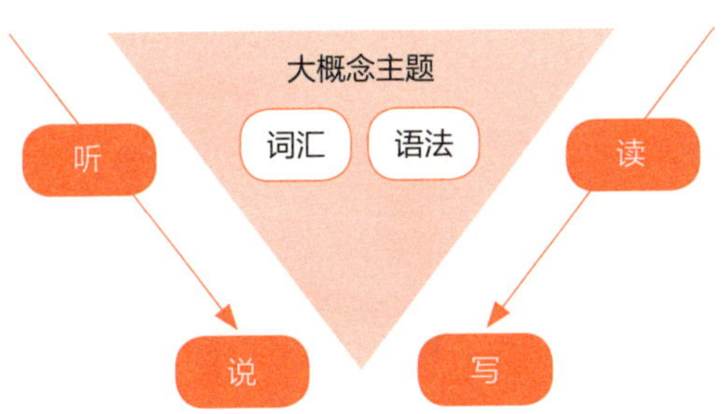

总之，是否选用原版教材应根据孩子的英文水平和日常用于英文学习的时间来综合考量。很多原版教材也存在语料陈

旧，或是话题与国内孩子的认知和兴趣不匹配等问题。但无论是否选用原版教材，孩子都应该基于大概念理念来学习英文，这样才能真正掌握语言的内在结构，从而做到学以致用。

如何挑选基于大概念的英语学习资源

读到这里，很多家长肯定能感觉到，基于大概念理念，我们应该帮助孩子摒弃孤立的低效学习模式，重视在具体情境中学习语言知识和语言技能，这样才能真正提升孩子的英语能力。那么，如何从种类繁多、良莠不齐的学习资源中，挑选出真正基于大概念来进行设计的英语课程和教辅呢？

在挑选英语学习资源时，要选择“以主题为引领、以语篇为依托、以活动为途径的整合性学习课程”。也就是说，基于大概念进行设计的课程和教辅应该以丰富的语篇为依托，帮助孩子学习语言知识、拓展文化视野，并在这个过程中不断提升语言技能和思维能力。

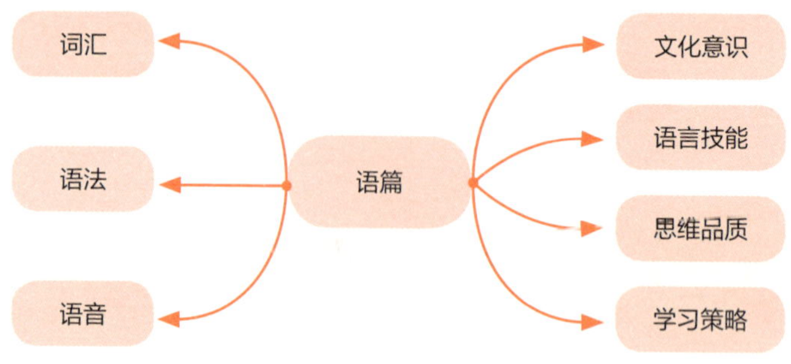

基于大概念的英语课程和教辅设计

丰富的语篇类型

I'm hungry, hungry, hungry.
I want rice.

I'm hungry, hungry, hungry.
I want eggs.

I'm hungry, hungry, hungry.
I want fish.

I'm hungry, hungry, hungry.
I want chicken.

Xiao Yuan, come on! Let's eat!

儿歌

My name is Fang Bao. I have a big family. Tina is my aunt. She is good at football. This is my uncle Ted. He is good at ping-pong. Tim is my cousin. He is good at basketball.

短文

丰富的语篇类型

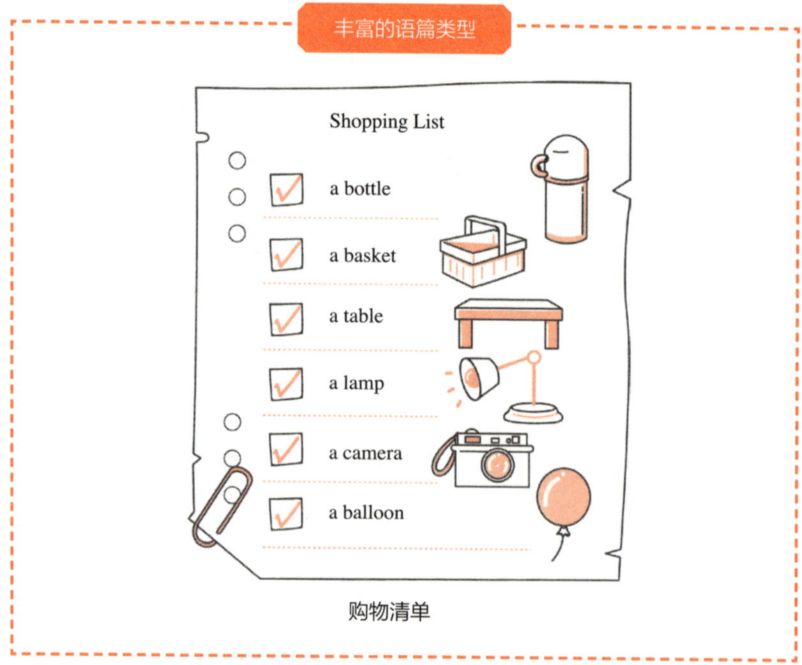

购物清单

因此，家长在挑选英语课程和教辅时，可以从以下几个维度来检验它们是不是基于大概念来设计的。

1. 该课程或教辅是否有丰富的语篇类型

既然孩子要在语篇中学习各种语言知识和文化知识，那么语篇的种类是否丰富就显得尤为重要。由于不同的语篇体裁所承载的内容和风格不一样，相应地，应用场景和文体特点也会不一样，比如韵律歌曲、情景对话、绘本故事的语言会更轻松明快，而图表信息、科普文章的语言会更书面严谨。孩子在多元化的语篇体裁中会更好地习得语言知识在不同情境中的应用。

2. 该课程或教辅是否在语境中学习和运用语言知识

根据大概念，无论是词汇、句型还是语法，都应该在语境中融会贯通地加以理解和运用。比如在孩子学习 how much 句型时，不应该直接告诉他 how much 的含义，而应该让他经历语篇呈现、自主发现、自主归纳、迁移应用的学习过程，从而更好地掌握这一句型。

首先是语篇呈现。基于大概念设计的课程和教辅大多会在孩子熟悉的场景中反复呈现核心句型，比如在有关购物场景的语篇中，让孩子反复感受 how much 句型的含义和运用。

其次是自主发现。设计得比较科学的课程和教辅会鼓励孩子将语篇中有关 how much 句型的对话汇总在一个表格里。

How much is the umbrella?	It's 35 yuan.
How much _____ the scarf?	It's ninety yuan.
How much are the golves?	They _____ 55 yuan.

重视培养孩子阅读能力的课程和教辅会设置一些空格，让孩子自己比对原文，补充填写。

然后是自主归纳。善于进行引导的课程和教辅会一步一步指引孩子找出上述对话的相同点和不同点，总结句型含义，提取句型结构。

通过一步步引导，让孩子自己归纳出 How much is/are... 可以用来询问某件物品的价格，而回答则可以用 It is/They are... 来引出。孩子还可以对比分析句型之间的不同点，辨析什么时候用 is，什么时候用 are。在丰富的情境中，孩子就能将 how much 的含义和使用场景与自己的生活经验关联起来，由此运用起来就得心应手了。

最后是迁移应用。重视培养孩子英语运用能力的课程和教辅，还会鼓励孩子在实际生活中迁移应用所学的知识。比如，让孩子去参加跳蚤市场，遇到自己喜欢的物品主动询价，或者让孩子设计一组对话和同伴进行角色扮演……在这种具体情境的表达输出过程中，孩子就能迁移应用自己所学的知识，从而实现对知识的灵活运用。

鼓励孩子设计对话，积极输出：

Jason：I like these sunglasses. Can I try them on?

Salesman：Of course. How do you like them?

Jason：They are nice. How much are they?

Salesman：They are 55 yuan.

3. 该课程或教辅是否在高效讲练语言技能的同时，融入了思维品质的训练

基于大概念理念，孩子需要在学习语言的过程中提升思维品质。符合这个理念的课程和教辅会鼓励孩子在阅读语篇时带着问题去思考，比如在一个绘本故事中，主人公在一个重要场合突然把衣服弄脏了，她会怎么办？如果是你，你又会怎么办？

4. 该课程或教辅是否创设了真实情境，帮助孩子解决实际问题

根据大概念理念，“检验教学是否有效的重要标准是学生能否整合性地运用所学内容，有理有据地表达个人观点和态度”[1]。因此，一切的教学活动都要落实到运用上，比如孩子学会了 how much 句型，就要具备能在实际生活中购物交流的能力，不仅如此，还要具备在购物中计算的能力，只有这样孩子的综合能力才会在实践中逐渐提升。

总之，家长在挑选课程和教辅时，一定要仔细研究课程和

1 王蔷，周密，蒋京丽，闫赤兵．基于大观念的英语学科教学设计探析［J］．课程·教材·教法，2020（11）：99～108.

教辅的教学理念和学习方式，是否让孩子在丰富的真实情境中学习语言知识、训练语言技能，并能够迁移应用到实际生活中。基于大概念理念来设计的英语课程和教辅，会更有效地帮助孩子真正实现对英语的灵活运用。

项目式学习为何风靡全球

项目式学习是近年来新兴起的一种学习模式，已经被欧美等许多国家的学校广泛采用。国内有的学校也在尝试开展项目式学习，许多家长都表现出对项目式学习的兴趣。简单来说，项目式学习是一种以学生为中心、以问题为基础设计并执行项目的学习模式。我们既可以以单一学科为主设计项目式学习，也可以跨学科进行设计。在项目式学习过程中，孩子通常都会经历提出问题、规划方案、解决问题、评价与反思这四个环节。

和传统的学习模式相比，项目式学习能提高孩子创造性思考和解决问题的能力，使孩子更有效地掌握学科知识，并在完成项目的过程中培养自身的沟通合作技能。

对于项目式学习，有的家长可能认为就是做活动，而这些活动感觉都是花架子，不仅浪费孩子的学习时间，还可能影响孩子的考试成绩。实际上，这是许多设计错误的项目式学习给家长留下的不好的印象。有的项目式学习想实现的东西太多，但又缺乏一条核心主线，从而导致实施效果很差；还有的项目式学习在设计时留出的空间太大，名为让孩子自由探索，实则让孩子一头雾水，不知该如何实施。

夏雪梅博士在《项目化学习设计：学习素养视角下的国际与本土实践》一书中将“项目式学习”界定为：“学生在一段时间内对与学科或跨学科有关的驱动性问题进行深入持续的探索，在调动所有知识、能力、品质等创造性地解决新问题、形成公开成果中，形成对核心知识和学习历程的深刻理解，能够在新情境中进行迁移。”这其中的关键点是“对核心知识的深刻理解”“创建真实的驱动性问题和成果”“能够在新情境中进行迁移”。

比如，在学习名著单元时，可以设计名著人物猜谜会。为了能够设计谜面并猜出谜底，孩子就会对阅读名著产生强烈的兴趣。同时在阅读的过程中，孩子能够更有的放矢地去研究人物的外貌特征、性格特点和经典情节等。在分组开展活动的过程中，孩子的合作交流能力与组织策划能力也能得到锻炼。

下面展示一个我们设计的项目式学习的例子——重阳节手工礼物。在这个项目活动中，孩子要综合自己所学的数学、语文知识完成方案的调研和设计，还要通过合理的分工保证方案的实施。

项目化学习活动的思维路径

《重阳节手工礼物》活动设计——合理规划，选购合适的材料制作礼物

项目说明

农历九月初九是重阳节，也称为“登高节”“重九节”等，是倡导全社会尊老、敬老、爱老、助老的节日。孩子们在这一天可以为老人送上自己精心制作的礼物。这个过程包括确定礼物、制定采买清单及方案、制作礼物等多个子任务。该项目需要孩子们整合信息，拆解任务，在实践中综合运用所学知识来解决实际问题。

任务内容	子任务 1: 确定礼物	子任务 2: 制定采买清单及方案	子任务 3: 制作礼物
学习目标	整合信息 合理决策	拆解任务 优化选择	理清步骤 动手操作

项目活动

子任务 1：确定礼物

“遥知兄弟登高处，遍插茱萸少一人”这一诗句提到了重阳节登高和插茱萸的习俗。你的家乡过重阳节时有哪些习俗？今年的重阳节，你打算为老人准备什么礼物？

任务目标：结合重阳节习俗和老人的喜好，确定送给老人什么礼物。

指导建议：

（1）结合生活经验，查阅相关资料，列出你了解的重阳节习俗。

（2）设计调研方案，结合重阳节习俗和调研结果为老人选取礼物。

任务条件：

（1）以当地的重阳节习俗为主，包括但不限于活动和美食。

（2）调研可以从爱好、特长、实际需要等方面着手。

（3）礼物需由自己亲手制作，要注意考虑成本。

结果呈现：

（1）重阳节习俗：________________________________

（2）将调研结果用你喜欢的形式呈现。

（3）我要送出的礼物：____________________________

子任务2：制定采买清单及方案

采购时，我们常常会遗忘某件物品，或是重复购买家中余量充足的物品，因此，前期有必要明确原材料并制定采买清单。接下来，了解要购买的材料在不同商店的售卖情况，确定采买方案。

任务目标：整理归类原材料，并综合价格等因素合理制订采买清单及方案。

指导建议：

（1）明确原材料并根据家中物品余量确认需要采购的数量。

（2）从价格等维度统计相同材料在不同商店的售卖情况。

（3）根据统计结果选择合适的材料并确定最终的采买方案。

任务条件：

（1）列出所有需要购买的材料并按一定的标准分类。

（2）每种材料备选的售卖商店尽量不超过3个。

结果呈现：

（1）整理制作礼物所需材料的清单。

（2）将统计的数据用表格呈现，示例如下：

	售卖商店	材料价格	……
材料 1	商店 A	……	……
	商店 B	……	……

（3）将最终确定的采买方案及总支出以一定的形式呈现。

子任务 3：制作礼物

在制作手工礼物时，有时会因为操作过程混乱无序等因素无法很好地达成目标，所以，我们需要在制作前合理拆分步骤，从而更有条理地完成礼物的制作。

任务目标：理清步骤，使用采买的材料制作礼物。

指导建议：

（1）按先后顺序梳理制作礼物的步骤。

（2）制作礼物并展示。

任务条件：

（1）制作礼物的步骤需完整清晰。

（2）使用针线、剪刀时需要有家长陪同。

结果呈现：

（1）将制作礼物的步骤用流程图的形式呈现，示例如下：

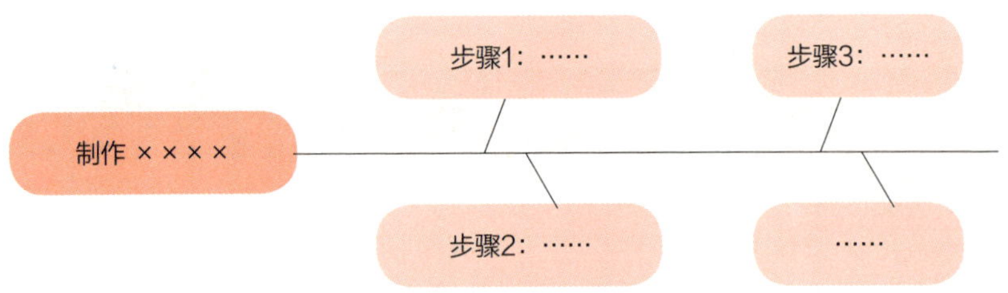

（2）将制作成功的礼物用你喜欢的形式展现。

总而言之，项目式学习要想达到既定的教学效果，就需要围绕特定的学科或跨学科大概念进行设计，这样才能在真实的项目情境中，实现对核心知识的深刻理解及在新情境中的迁移，而这也是越来越多的学校开始使用项目式学习进行教学的原因。

然而，开展项目式学习并不意味着要完全排斥传统的讲授式教学，二者是可以穿插进行的。项目式学习和讲授式教学并无高下之分，至于哪一种更适合孩子，这取决于哪一种能使孩子实现对特定大概念的深刻理解及迁移应用。

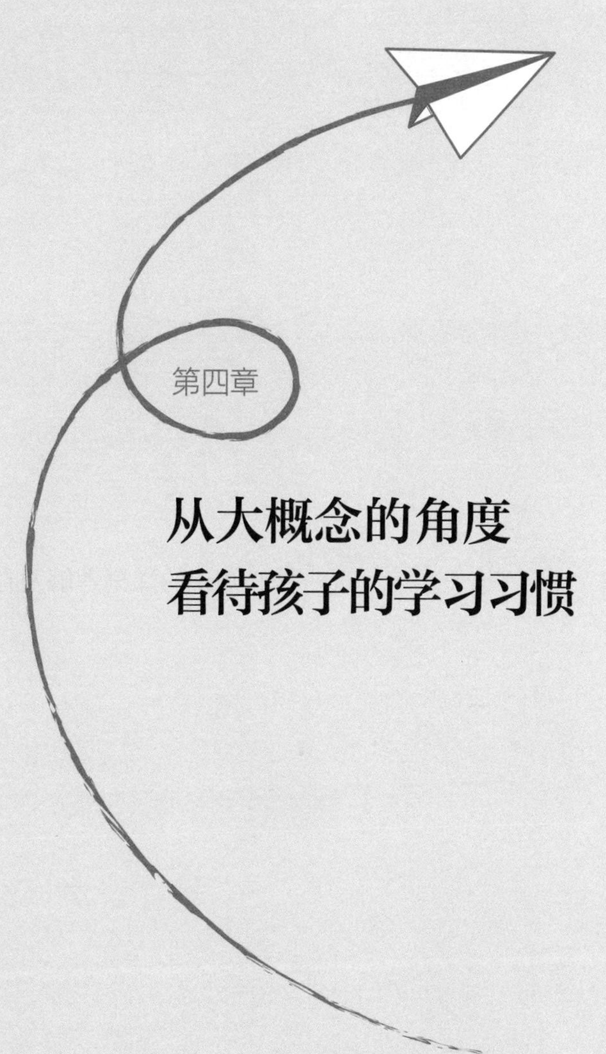

第四章

从大概念的角度
看待孩子的学习习惯

《美国心理学期刊》（1903年）用以下的文字来定义习惯："以心理学的观点来看，习惯是某种程度上固定的思考方式、意志或者感觉方式，是由以往重复的心智体验而获得的。"将一个新的行为变成习惯的过程称为习惯养成。不过，旧的习惯多半难以改变，而新的习惯也不容易形成，需要经过多次重复才能养成新的习惯。

相信各位家长都知道好的学习习惯对孩子的重要性。在本章中，我们将以家长常有的几个疑惑为切入点，从更本质、结构化、可迁移的角度，来看待孩子学习习惯的养成。需要注意的是，即使我们从大概念的角度知道了一个现象产生的本质是什么，习惯的养成也绝不是一蹴而就的，而是一个长期的过程。孩子的心性还未定，因此家长一定要有足够的耐心，帮孩子养成预习、做计划等一些良好的习惯。

学生：课前—课中—课后

课前预习，有必要吗

关于是否需要课前预习，一直存在争议。有的家长认为预习可以提前了解老师要讲什么，上课的时候能有心理准备，知道哪些地方必须认真听讲，这样上课效果才更好；而有的家长则认为预先知道要学什么，在正式学习的时候就会不认真，学习兴趣也会降低，上课效果反而不好。

那么，到底需不需要课前预习呢？答案是肯定的。之所以会出现上述一些课堂上的问题，一个很重要的原因是缺乏预习指导，没有正确的预习观和科学的预习方法。

预习不应该只是预先熟悉，还应该探究性地去预习，课前预习的终点是培养学生自主学习的底层能力。这与新课标所提倡的“以人为本，从学生的学习兴趣出发，注重个体差异，培养学生自主学习习惯，为学生的终身学习打下良好的基础”观点是一致的。进行有效的课前预习，是培养学生自主学习能力的最佳途径之一。

接下来，我们来了解一下有哪些科学的预习方法，完整的预习闭环应该包含哪些内容。

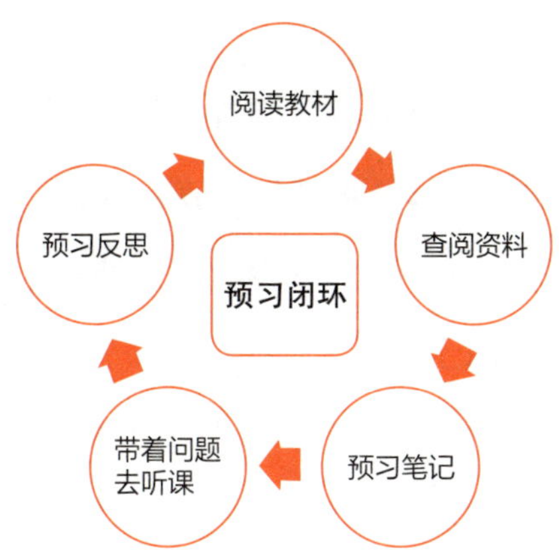

1. 正确阅读教材

教材是知识的载体，是需要阅读的主要内容。很多老师忽视了引导孩子阅读课本的重要性，他们没有认识到教材作为浓缩了大量前人知识与经验的精华文本载体，是教孩子学会研究与探索的基石。

孩子要学会对课本进行略读与精读。所谓略读，就是对内容主干知识的整体把握。孩子必须了解知识的系统性结构，一个新章节，先了解一章分为几节，每节分为几个部分，以及每一部分讲述的是什么问题，每个问题又是从哪些方面进行说明的，等等。所谓精读，就是对教材逐字逐句的阅读，在自己能力范围内，仔细思考字里行间渗透的要点，比较难的部分多读几遍，必要时要仔细分析，记下难点、疑点，梳理定理、法则等的来龙去脉，尝试自主探究性学习。

2. 查阅教材之外的相关资料

为了探究预习中遇到的问题，家长可以引导孩子查阅相关资料，这是尝试自主学习的重要环节。比如：课本上学习的是某个文章的内容节选，可以引导孩子查看名著原文，提前了解背景知识。必要的资料查阅，能帮助孩子在原有的知识结构上，建构更完备的知识网络，还能让孩子知道教材之外有更广阔的空间。

3. 做好预习笔记

在阅读课本及查阅资料后，把自己的理解、体会或者独特的见解写到书的空白处或者笔记本上。笔记可以分为以下三个重要部分：

摘录部分：摘抄书中的重难点，包含概念、公式、法则等。

反思部分：对概念的理解与证明、见解与体会等。

资料部分：记录相关资料的来源。

《论语》十二章[1]

孔 子

预习

◎ 很多同学都知道老子、孔子、庄子、孟子、孙子、曾子等古代先哲，“子”是他们的名字吗？你知道“子”的含义吗？

古代对男子的尊称

◎ 孔子是儒家学说的创始人，被后人尊称为“圣人”“至圣先师”。关于孔子，你知道他的哪些故事呢？讲一讲，与同学分享。

志同道合的人

子[2]曰：“学而时习[3]之，不亦说乎[4]？有朋自远方来，不

亦乐乎？人不知而不愠⑤，不亦君子⑥乎？”（《学而⑦》）

生气　品德高尚、学识广博的人

多次反省　替

曾子曰：“吾日三省吾身：为人谋而不忠乎？与朋友交而不信乎？传不习乎？”（《学而》）

4. 带着问题去听课

真正的学习往往出现于解决问题的过程中。经过前期的准备，孩子一定会有一些想法，甚至是一些质疑，带着发现的这些问题有目的性地去听课，与同学讨论、交流，与老师的思路进行碰撞，从而解决问题，这才是真正高效的学习。

5. 预习反思

听课之后，孩子要检查预习中存在的问题是否已经解决，把解决方法补充到自己的预习笔记中。大诗人歌德曾经说过：“经验丰富的人读书用两只眼睛，一只眼睛看到纸面上的话，另一只眼睛看到纸的背面。”孩子要注意思考在预习中所遇到的问题，在听课的过程中是否有新的发现，还要注意思考那些值得反复探究的问题。

著名教育家叶圣陶先生说：“学生通过预习，自己阅读课文，动了天君（指大脑），得到理解，当讨论的时候，见到自己的理解与讨论结果正相吻合，便有独创成功的快感；或者见到自己的理解与讨论结果不甚相合，就作比量短长的思索。”预习时肯定会有困惑，因为有困惑就有了集中解决问题的注意力，这种思索和注意，足以激发孩子的学习兴趣，增进学习效果。预习习惯需要从小学就开始培养，起初或许只能完成上面提到的某些步骤，比如查阅资料，但是随着年级的增长，孩子应该养成完成以上提到的所有预习步骤的习惯。有效的预习是自主探究性学习的第一步，家长和老师应该引导孩子用正确的方法养成预习的习惯，并做到持之以恒。

一听就会，一做就“废”，怎么办

家长们经常会有这样的困惑：问孩子今天上课的内容都听懂了吗，孩子会说听懂了，但做作业时要么不会，要么出错。这是怎么回事呢?

“能听懂吗？”这是课后家长问得最多的一句话，这反映了一个现象：家长认为孩子不会做，是因为没听懂。其实这是一个误区，因为听懂并不等于会做。

上课听懂的过程，就如同开车，老师是司机，孩子是乘客；而解一道题就如同开车载着孩子，从起点到终点，怎么走，什么时候拐弯，什么时候走辅路，哪个路口上桥，怎么绕，什么时候出辅路……其实孩子自己动脑筋的地方并不多，因为老师会一直引导孩子前进。

而孩子自己做题的过程，就如同给孩子一个交通工具，让他自己完成上面的路线。在只坐一次车的前提下，孩子能自己完成任务吗？大概率不行，因为自己开车和坐车是两码事儿。这与做题的道理是相通的。

解方程：

（1）$\frac{x+1}{2}-1=2+\frac{2-x}{4}$　　　　（2）$\frac{x+1}{2}=\frac{4}{3}x+1$

书上的解题过程：

解：去分母（方程两边乘4），得

$2(x+1)-4=8+(2-x)$

去括号，得 $2x+2-4=8+2-x$

移项，得 $2x+x=8+2+4-2$

合并同类项，得 $3x=12$

系数化为1，得 $x=4$

学生的解题过程：

解：去分母（方程两边乘6），得

$3(x+1)=8x+1$

去括号，得 $3x+3=8x+1$

移项，得 $3x-8x=1-3$

合并同类项，得 $-5x=-2$

系数化为1，得 $x=\frac{2}{5}$

类似的例子在孩子的学习过程中尤为常见。孩子在初一上学期要学习一元一次方程，解一元一次方程主要按五个步骤进行：去分母、去括号、移项、合并同类项、把未知数的系数化为 1。对于初中的学生而言，解一元一次方程的方法很容易掌握，但在具体做题过程中，有些地方又非常容易出错。比如去分母这一项，课本上的讲解如方程（1），孩子在课上听懂了，记住了去分母也就是等式的两边同时乘所有分母的最小公倍数；而学生自己做题的时候，就很有可能因为等号右边不含分母的项漏乘最小公倍数，导致去分母出现问题，如方程（2）里的 1 就漏乘了最小公倍数 6。

因此，听懂并不等于会做。怎么让孩子听懂以后就会做题呢？这需要让孩子经历知识的形成过程，理解知识背后的大概念，如此才能具备将知识迁移应用的能力。

通过学习大概念，孩子能更深入地理解知识。学习就像潜水，潜水员潜得越深，能看到的物种就越丰富、景象就越美丽，探索之旅就越多变和有趣，但如果只浮在表面，所能看到的景象和物种比较单一，慢慢就失去了兴趣。

美国著名教育家本杰明·布鲁姆把教学目标划分为六个层次，分别是记忆、理解、应用、分析、评价、创造。以学习朱自清先生的《春》为例：

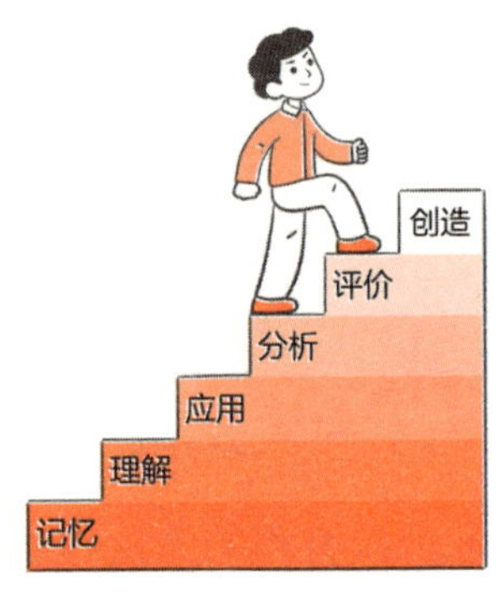

根据习得的描写方法，描绘其他季节
相比其他写春的文章，这篇文章有什么特点
分析关键句，明白这样写的好处
能借用文章中的语句描绘春日景象
理解段落大意，知道作者从哪些角度描写了春天
背诵文章

同样都是学过了《春》这篇文章，但是孩子们的收获和所达到的层次肯定是不同的。关键不是孩子是否学过、是否会背，而是对文章理解的深度是否到位，能否把所学的写作方法迁移应用到新的场景中去。而学生的理解深度，也决定了知识迁移的广度。

因此，孩子口中的听懂了，可能只是达到了上面的记忆层次，而我们对知识的掌握要能达到理解和应用的层次。正是因为这种差异，所以就算孩子听懂了，也不一定能把题目做出来。

先玩再学，还是先学再玩

孩子放学回到家，应该先玩再写作业，还是先写作业再玩？这个问题，尤其对于小学阶段的家长而言，可以说是“仁者见仁，智者见智”。大家的看法基本上可以分成两类：

——“先学再玩，能让孩子更加自律，自制力也会更强。完成作业是学生最基本的义务，并且写完作业之后，后面的时间都能玩儿，此时的玩儿是没有任何负担的，因此要把作业放到前面去完成。”

——“孩子在学校学了一天，已经很辛苦了，放学回来需要转换一下心情，如果非要孩子马上完成作业，孩子就会有情绪，反倒写不好。因此，回到家之后先玩儿一会儿，放松一下，然后再写作业，这样能够劳逸结合。”

在这里，我们并不建议家长把“写作业”这个行为上升到责任、义务这样的高度，而弱化“玩”这个对孩子来说同样很重要的行为。如果我们以大概念的视角，从本质上去看待“写作业”和“玩”，那么我们就需要回答以下两个问题：

——“写作业”这个行为，本质上最希望孩子得到什么？

写作业，是为了复习巩固当天所学的知识点，查漏补缺，也是学习闭环中很重要的一环，因此希望孩子既能保质又能保量地完成。

——“玩”这个行为，本质上最希望孩子得到什么？

游戏活动，常被称作“孩子的工作”，是孩子从自身的角度探索这个世界的一种很重要的方式，可以激发孩子出色的探索欲、想象力和决策能力。

相信回答完了这两个问题，探寻了“写作业”和“玩”的本质之后，我们就能够意识到，如果孩子能把这两件事都做好，其先后顺序就不是最重要的。那么，最重要的是什么呢？就是要让孩子意识到，“写作业”和“玩”，都是孩子自己的事情，因此需要做出一个合理的安排，也就是说，让孩子自己安排每天放学后的时间，并制订计划。对于小学低、中年级的孩子来说，这可能有些困难，此时家长可以帮忙一起制订计划；而对于小学高年级以及中学的孩子来说，他们可以自行完成。

在制订计划及执行计划方面，有几点需要各位家长注意：

第一，每天的计划不必相同，可以根据实际情况适当调整。孩子每天的精力分配都不尽相同，而且晚上也不是孩子的

“上班时间”，并不需要千篇一律的计划。我们只需要给孩子“10 点需要睡觉”这样的截至时间，其余的时间节点和细节，让孩子自行规划即可。

第二，当制订完计划后，家长需要做的就是适当监督计划的执行。这时，家长更关心的可能是应该如何监督孩子，以及已经提醒多次，孩子还是不听，打破预定计划该怎么办。在开始所有的监督行为之前，家长和孩子应该达成一个共识：完成作业是孩子自己的事。提前和孩子约定好，家长只负责提醒，而且要注意提醒的语气和方式。家长可以和孩子约定，每天最多提醒的次数，比如三次，当提醒了三次之后还没有完成，就不再提醒了，让孩子自己承担没有完成作业的后果。当孩子进入小学高年级、初高中时，家长可以让孩子做自己时间的主人：建议孩子，在“玩”的时间结束前 15~20 分钟，自行设定闹钟，提醒自己整理心情，这样在时间到了的时候，就能很快进入学习状态。

第三，千万不要压榨孩子自己能够自由支配的时间。如果孩子作业完成得快，当天剩余的时间很多，家长也不要逼着孩子去做其他跟学习有关的事，比如让他去预习、去看书，或者写额外布置的作业。这些安排如果真的要做，可以在上面一个步骤中完成，也就是让孩子一开始就知道他今天要做多少事，不要等孩子兴高采烈地准备去玩了，你又让他做这做那，这会打击孩子的积极性，导致他以后更加抵触写作业。

第四，如果计划没有完成，我们需要帮助孩子树立反思意识，比如是不是留给写作业的时间太少了？如果完成作业的时间不确定，是否要留一些机动时间？

最后，当孩子按照预定的计划完成后，我们要多表扬，但表扬要说具体的事，而不是简单的“你真棒”。例如，我们可以这样说：你 4～5 点玩了一个小时，之后短暂准备，在晚饭前完成了作业，晚饭后你玩了自己喜欢的游戏，10 点准时上床睡觉，跟计划表完全对上了，为你感到高兴。这样的表扬更清晰、更具体，也相当于一个正面反馈，能够给予孩子成就感，这种成就感会让行为固化，促使孩子越做越好。另外，我们可以把孩子的计划表都保留好，让他看到自己的进步，这也是一种鼓励。

另外，对于“玩”而言，相比无休止地看动画片、玩电子游戏，家长应该给孩子安排更多的身体活动类的互动游戏，也就是让孩子“动起来”。研究发现，海马体是大脑中主要负责学习的部位，而运动能唤醒孩子的大脑，增强海马体中神经元之间的连接，20 分钟的运动能明显提升孩子解题能力 10% 以上。运动时，会产生多巴胺、血清素和肾上腺素，这三种神经传导物质也都与学习有关，能够让孩子维持在一个较为清醒、积极的状态，在做作业的时候注意力更加集中。

家长：辅导和督促

为什么家长越辅导，孩子做作业越拖拉

家长之间流传着一句戏言“不做作业母慈子孝，一做作业鸡飞狗跳”，可见辅导孩子做作业是令多数家长很头疼的一件事。

“你的语文作业写完了吗？”“别玩了，快点写作业，过一会儿我再来，要是还写不完……”“这么简单的数学题，你不会？”……

相信很多辅导过孩子作业的家长，都遇到过上述这几种情况，说过这几句话。但是过一会儿再去看孩子写的作业，结果

要么是字迹歪歪扭扭、十分潦草，要么是简单的数学题错了一大片。仿佛刚才对他说的话根本不起作用，甚至有的孩子还会发脾气："催催催，就知道催，我这不是写了吗？"

心理学中有一种现象叫作"超限效应"，源自一则真实的故事：著名作家马克·吐温，有一天心血来潮去听牧师演讲。一开始他觉得牧师讲得太棒了，自己深受启发，于是他产生了一个想法，决定捐一些钱；可是又过了10分钟，牧师仍在滔滔不绝地讲，马克·吐温内心有点动摇，甚至听得有点不耐烦，决定要少捐一点钱；时间又过去了10分钟，牧师仍然没有讲完，马克·吐温觉得他很唠叨，甚是烦人，于是决定一分钱都不捐了。

这就是"超限效应"，即由于受到强烈的外界刺激或者压力过大，产生了逆反心理。而这也从本质上解释了为什么我们辅导孩子的时间越长，孩子就越不耐烦，甚至出现注意力严重不集中的现象。

下面这张图能够很好地反映出在家长的唠叨、催促下，孩子的内心发生变化的过程：

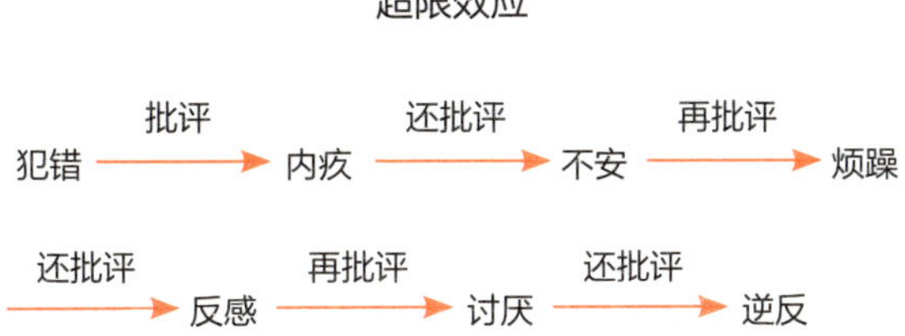

那么，家长的哪些行为是应该尽量避免的呢？

首先是盯着孩子写作业。在这个过程中，我们时常会在发现孩子出现错误时第一时间就开始批评。比如，“你看你写得歪歪扭扭的，擦去重新写！”“这个答案对吗？你动脑子了吗？重新算！”这些重复的、负面的评价，很容易引发“超限效应”，让孩子产生厌烦心理，自然而然就表现得拖拖拉拉，写作业不积极。

其次是频繁扰乱孩子的专注力。有些家长担心孩子累着、饿着，在孩子写作业的过程中时不时地问：“渴不渴啊？喝杯牛奶吧！”“吃点水果，再接着写！”殊不知，正是家长的这些行为干扰了孩子的专注力，久而久之孩子也就习惯了做作业时三心二意。在这里，家长不妨回忆一下我们自己专注工作时的感受。当我们进入一种旁若无人的工作状态，沉浸于思考工作中的问题时，对某一项任务有越多的掌控感，我们就越容易专注于它。相反，如果在工作时一直感觉被监视甚至一直被打

断，那么我们是很难把工作做好的。

因此，对于孩子做作业这件事，我们首先要转变意识，即做作业是孩子自己的事情，我们只做到适当督促和辅导即可。具体地，我们可以尝试从以下两方面做起：

首先，让孩子主动完成作业。之所以把让孩子主动完成作业放在第一位，主要是因为写作业的过程，其实是孩子不断成长的过程。

如果有些孩子的自制力不强，家长可以在旁边陪同。当然在这个过程中，不要打扰或打断孩子。家长可以在旁边看书或者工作，只起到陪伴的作用即可。

其次，培养孩子的时间意识。孩子放学回家后，从吃完晚饭到睡觉之前的时间其实是很有限的，如果不想让孩子因为做作业而熬夜，那么合理规划孩子的时间就尤为重要。比如，两个小时之内写完作业，然后家长再检查辅导。另外，研究表明，不同年龄段孩子的注意力集中时长是不同的。

年龄段	注意力集中时间
4 岁幼儿	9~10 分钟
5~6 岁儿童	10~15 分钟
7~10 岁儿童	15~20 分钟
10~12 岁儿童	25~30 分钟
12 岁以上儿童	30 分钟以上

我们可以根据上面的研究数据，帮助孩子规划单科的学习时间，比如孩子五年级时，学习时间以 25 分钟为宜，之后可以适当休息一会儿再继续。

如果我们在辅导孩子时感觉非常疲惫，那我们可以反思一下是不是辅导方式有问题。其实正确的辅导，不仅有利于孩子良好习惯的养成，还有助于增进亲子关系。

随着年级的升高，为什么家长的督促越来越没用

“鸡娃”是近年来在家长圈中流行的新词汇，它反映出家长对孩子的强烈期许。正如影视作品《小舍得》中演绎的一样，在这种强烈的愿望下，很多家长给孩子安排了大量额外的学习和活动，孩子的课余时间被占据得满满当当。这种做法的积极效果不见得有多少，但很多父母与孩子都已身心俱疲则是不可否认的事实。

另外，“鸡娃”的背后也映射出孩子学习动力的问题，现实中的表现就是小学低年级时，孩子对来自家长的督促还是很配合的，学习热情比较高；但是到了高年级，孩子对家长的督促常常会很抵触，学习热情降低；到了中学，这种现象则更加明显。其实，如果一个孩子具有强烈的学习意愿，那么学习就会是一件轻松惬意的事情，而不需要来自外界的监督和催促；一味依靠督促才能学习的孩子，可能会适得其反，甚至产生厌学情绪，以致一旦脱离了家长和老师的监督，学习成绩就一落千丈。从长远来看，让孩子保持学习的热情，要比给孩子安排

大量的学习任务更有意义。

从心理学的角度讲，一个人的身心发展规律及外部环境影响着他的认知。因此，很大程度上，孩子的教育小学靠家长，中学靠同学，高中、大学靠自己。

儿童期的孩子身心发展不成熟，具有极强的可塑性，因此家长在孩子习惯的养成、学习兴趣的培养及智力发展的支持等方面就发挥着主导作用。这在很大程度上决定着一个孩子在学校的习惯及学业表现，甚至是智力、情感及意志品质的发展。在小学阶段，父母在孩子的社交环境中扮演重要角色，孩子对父母的依赖性强，因此，这个阶段父母可以通过帮助孩子制订学习计划、安排适当的学习任务等方式参与到孩子的学习中来，但重点应是学习习惯和学习方法的培养，而不是掌握知识量的多少。

等到了中学，家长对孩子的影响就由首要位置降到了次要位置，家长对孩子的智力支持及学业影响也随之降低。随着认知的发展及青春期的到来，孩子周围的伙伴、同学逐渐成为其社交环境中的重要角色，孩子会更在意伙伴、同学对他的看法和评价，这就是为什么进入初中后，孩子就表现得不再像小学那般听从家长的话了。这个阶段，伙伴、同学的价值观和行为会在很大程度上影响孩子的价值观和行为。比如，他开始注重自己的外貌、体形、胖瘦、学业表现，并在意同学对于这些方面的看法；与他亲密的同学、伙伴对学习的态度、他们的人生观与价值观也会对他产生影响。比如，他们或许一起乐于学习，积极快乐生活，勇敢面对困难；也或许一起厌恶学习，消极颓废，回避困难。

随着孩子进入高中甚至大学，他们变得更理智、更成熟。尽管他们缺乏人生经验，但是他们已经有了自己的人生目标和梦想，此时他们的学习动力更多地来自自我激励及对成功的渴望。

其实，小学、初中也好，高中、大学也罢，家长及家庭教育的影响一直都在，只是在小学阶段，家长对孩子的影响会更大一些。小学阶段，家长不能只关注孩子的学习，还要注重培养孩子良好的品格和习惯。有时家长陪伴孩子努力、坚持，就能让孩子学会努力、坚持，这也是一种学习。虽然人与人之间存在智力差异，但后天的努力能够加以弥补。况且，大多数人的智力差别其实并不大，学习成绩不好的孩子在其他方面也有成功的机会。相信孩子、鼓励孩子、陪伴孩子，和孩子一起迎接挑战，那么在小学阶段你就能给予孩子最大的积极影响。

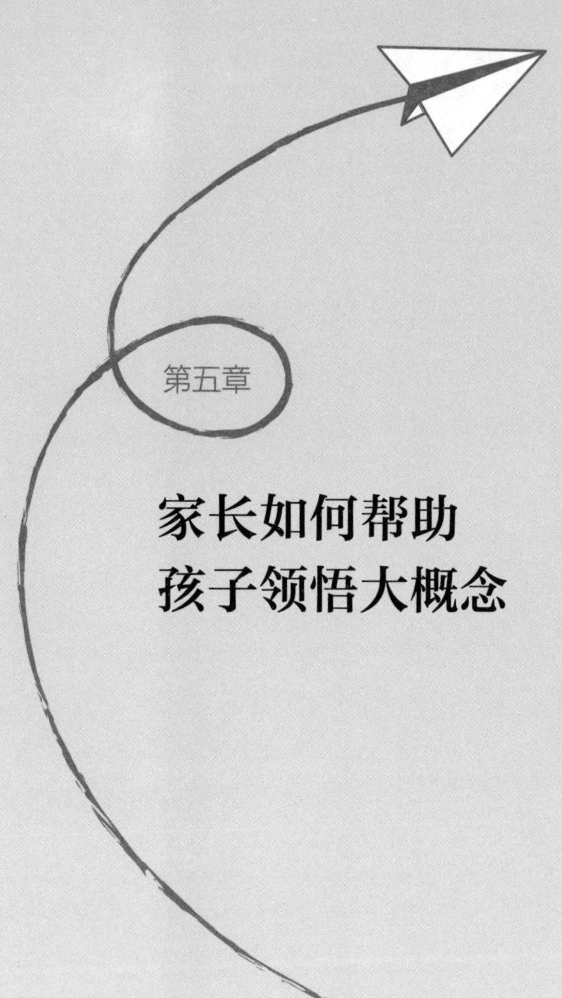

第五章

家长如何帮助孩子领悟大概念

第五章　家长如何帮助孩子领悟大概念

读到这里，很多家长可能会疑惑：孩子大部分的学习时间都是在学校里度过的，尤其在孩子升入高年级后，家长对具体的学科知识不是很熟悉了，那么，在这种情况下，家长还能帮助孩子领悟大概念吗？答案是：当然可以。

在本书的第一章我们就提到，当下教育的目标已转变为让孩子能够应对未来社会的挑战，能够在真实情境中解决实际问题。想要解决实际问题，孩子除了需要具备具体的学科知识，还要拥有综合能力、实践能力等各方面的能力。相比孩子，家长每天都要在真实世界中解决各式各样的问题，有着丰富的实践经验，而这些经验又是弥足珍贵的。

具体到大概念而言，大概念体系最终希望教会孩子的是一整套思维方式，并运用到孩子的日常学习和生活中去，由此家长就是孩子最好的领路人。在新课标的引领下，越来越多的学校不断改革课堂教学方式，借助大概念教学来培养学生的核心素养。在这个改革的过程中，如果家长也能尽早地转变教育理念，通过家校协同共同落实大概念教学，那么孩子的学习一定能更上一层楼。

家长具体应该怎么做呢？家长可以从孩子在家中的学习和

生活场景入手，帮助孩子形成“学本质，会学习”的整套思维方式。这包括以下三个方面：搭建思维结构、连接真实生活、学会高效学习。

首先是搭建思维结构。大概念的核心就是让孩子学习知识的本质，从而搭建起知识的结构，而不是学习零散的知识本身。家长可以在课余时间，通过思维地图等框架工具，帮助孩子培养搭建思维结构的能力。

其次是连接真实生活。解决实际问题远不是做应用题，家长可以帮助孩子在生活中找到各种场景，让他意识到知识产生的现实背景，激发他的好奇心和学习动力；还要鼓励孩子运用自己的聪明才智和所学的知识解决实际问题，以锻炼孩子的综合能力与实践能力。

最后是学会高效学习。孩子理解知识本质、构建知识体系，最终是要培养起“会学习”的能力，如此才能适应这个日新月异的社会。家长可以借助各种高效学习法，在孩子学会学习的路上，助孩子一臂之力。

搭建思维结构

我们可以借助思维地图来搭建思维结构。思维地图由美国教育学者大卫·海勒（David Hyerle）提出，他强调思维地图是一种认知型语言，能够把人们的思维模式更可视化地呈现出来。思维地图一共有八种：括号图、树形图、流程图、复流程图、圆圈图、气泡图、双气泡图、桥形图，它们分别对应着不同的思维模式，适用于不同的学习场景。

让事物分析面面俱到——括号图和树形图

你有没有问过孩子“你这学期都学了什么知识”？一般，孩子的回答都是很随机的，很容易想到哪里就说到哪里。这时，我们可以让孩子通过“括号图”来梳理自己的想法和学过的知识。

括号图在生活中很常见，它通常用来表示整体与部分之间的关系。比如，小学数学的课程内容分为数与代数、图形与几何、统计与概率、综合与实践四个部分。数与代数又进一步分为数与运算、数量关系这两个主题，图形与几何、统计与概率也分为若干主题。由此，我们可以把小学数学的课程内容用括号图表示成这样：

画括号图表示整体和部分的关系时，“整体”在左侧，它

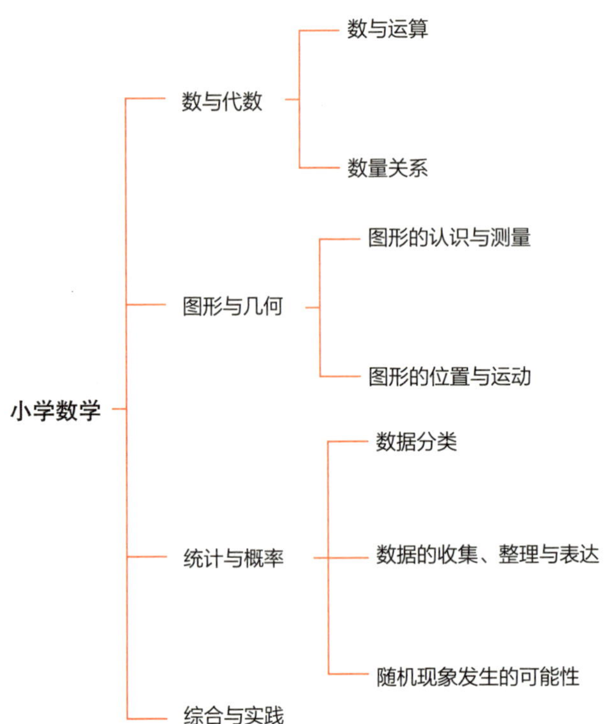

的“部分”在右侧，两者之间用大括号连接，“部分”还可以作为“整体”继续拆分。

孩子在刚开始学习画括号图时，可以从更具象的事物入手。比如，把人作为整体，它可以分为头、躯干和四肢。在这个过程中，要锻炼孩子拆分层级的能力，“部分”相对于“整体”要做到“不重叠、不遗漏”。不遗漏很好理解，如果人只分为头和躯干，那就遗漏了四肢，这肯定不行。不重叠指的是每个“部分”之间不能重叠，比如把人分为头、躯干、四肢和眼睛，这也不对。眼睛是属于头的，这两者之间有重叠。只有做到不重叠、不遗漏，才能说明孩子很好地理解了整体和部分之间的关系。

当孩子已经能够用括号图来表示具象事物整体和部分之间的关系时，家长就可以让孩子尝试用括号图来分析一些抽象事物，比如分析一篇文章的结构，或者梳理这一章所学过的知识。借助括号图，孩子能够更清晰地展现出所学知识的内在结构，从而深化对知识的理解。

与括号图类似的还有一种树形图，它更侧重于对事物进行分类。比如孩子去超市购物，购物清单上零散地写着：胡萝卜、酸奶、葡萄、牛奶、橘子、苹果、土豆。如果只是这么一样一样地找，在超市里会非常浪费时间。孩子可以将要买的东西进行分类，分为蔬菜、水果和奶制品，画出如下的树形图：

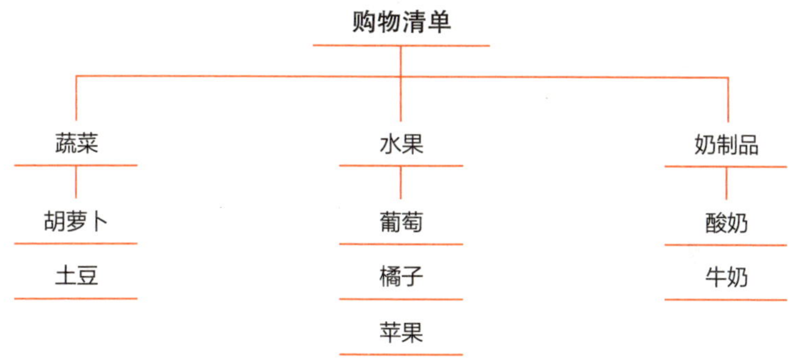

在用树形图进行分类时，我们把主题作为树干放在最上方，把用于分类的类目作为树枝放在中间，最后是分类后的具体条目。在分类的时候，同样也要注意“不重叠、不遗漏”。经过树形图分类之后，孩子在蔬菜区买完所有要买的蔬菜，就可以换到另外的区进行购物，这样效率就大大提高了。

借助树形图，孩子还可以很好地对所学知识进行梳理。比如针对最近学习的一系列生字，我们可以让孩子利用树形图，自行分类整理：可以按偏旁部首进行分类，也可以按字形结构进行分类，还可以按汉字含义进行分类。分类标准只要满足“不重叠、不遗漏”这一要求即可，重要的是孩子在画树形图的过程中，能够深化所学知识之间的联系。

让事件结构清晰可见——流程图和复流程图

在日常生活和学习过程中，孩子做事情很容易东一榔头西一棒槌：语文作业刚写了两笔，又翻起了数学作业；帮妈妈去超市买东西的时候路过了零食区，就忘了自己原本要买的酱油……这时，我们就可以让孩子通过“流程图”来进行梳理。

流程图可以用来表示一件事情的发展顺序或者执行步骤。比如，孩子在晚饭后，需要先做语文作业，再读英文绘本，然后自由玩耍，最后洗漱上床，其中语文作业包括默写字词和看图写话。那么，孩子就可以把自己要做的事情用流程图表示成这样：

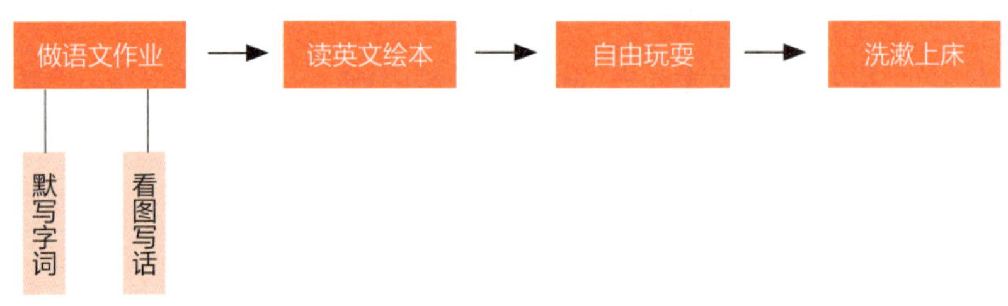

在流程图中，方框内填写具体的步骤，箭头表示事情的先后。如果某一个步骤比较复杂，我们还可以在对应的方框下面添加子步骤。经过这样的梳理，孩子就能清晰地看到，只要自己尽早完成作业，就能快乐自由地玩耍了。这对于缓解做作业时的焦躁情绪有很大帮助。

除了规划任务，流程图还能帮孩子梳理所学的知识。比如当孩子学习青蛙的生长过程时，知道了它会先从卵变为蝌蚪，长出后腿，再长出前腿，然后慢慢尾巴变短，最后就变成了青蛙。我们可以和孩子一起把青蛙的生长过程表示成这样：

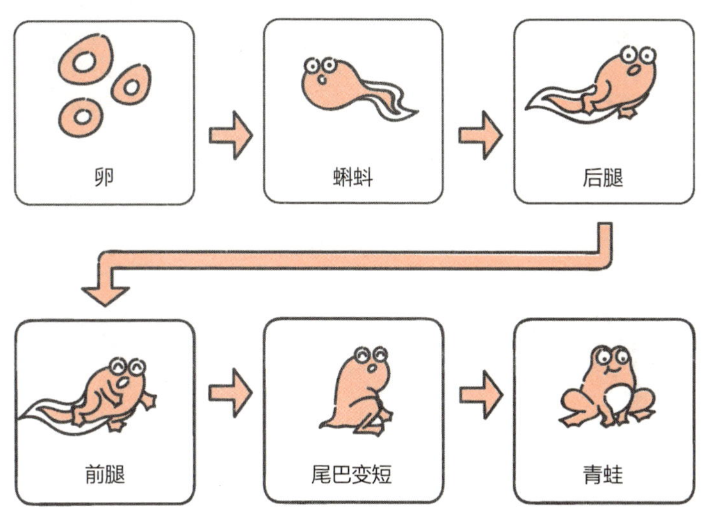

绘图不一定要特别精美，只要形象表现出青蛙的每一步变化即可。经过这样的梳理，孩子对青蛙生长过程的理解，肯定会比背诵一长段文字更深刻。除此之外，孩子在构思记叙文的时候，也可以先用流程图，把文章的脉络按照事件的发展顺序写下来，这样就不会写到一半“卡壳”了。可见，只要涉及一件事情的发展顺序或执行步骤，我们就可以借助流程图将其清晰地呈现出来。

和流程图在形状上有点类似的，还有一类复流程图，它主要用来分析某一现象发生的原因和结果。当与孩子探讨他在生活中所遇到的困惑时，我们就可以用复流程图来进行分析。如果孩子长了蛀牙，我们可以和孩子探讨哪些行为会导致蛀牙呢？不认真刷牙、经常吃糖、经常喝碳酸饮料等，都容易引发蛀牙。得了蛀牙又会有什么后果呢？会牙疼，需要补牙，影响咀嚼功能。我们可以围绕蛀牙，画出这样一个复流程图：

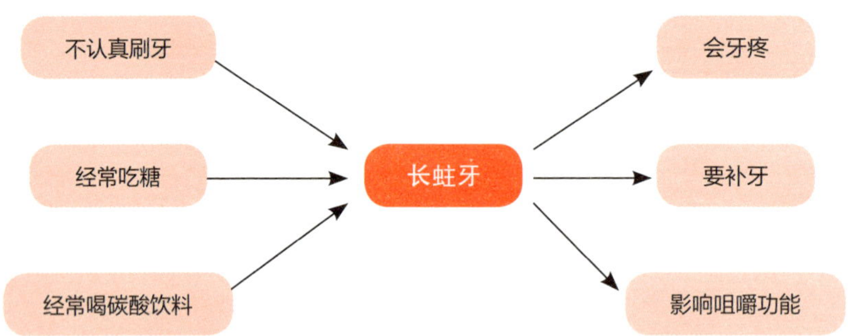

画复流程图时，我们把要分析的现象放在中间，左侧是这种现象发生的原因，右侧是这种现象会导致的结果。经过复流程图的分析之后，孩子肯定对蛀牙有了更全面的认识，在生活中也会更注意如何避免蛀牙。当孩子要写说理性的文章时，他也可以借助复流程图先分析一个现象的原因和结果，再动笔行文，这样肯定能使全篇的论述更立体丰满。

让探究新知事半功倍——圆圈图、气泡图、双气泡图、桥形图

除了上述介绍的四种思维地图，另外还有圆圈图、气泡图、双气泡图和桥形图。下面依次来介绍一下。

首先是圆圈图，它有助于孩子围绕特定的主题进行联想。比如孩子要撰写有关春天的作文，我们就可以借助圆圈图先让孩子展开联想。春天有什么？有春雨、春风、红花、绿草，我们在春天还要放风筝、逛公园、清明扫墓等。根据对春天的联想，我们可以画出如下的圆圈图：

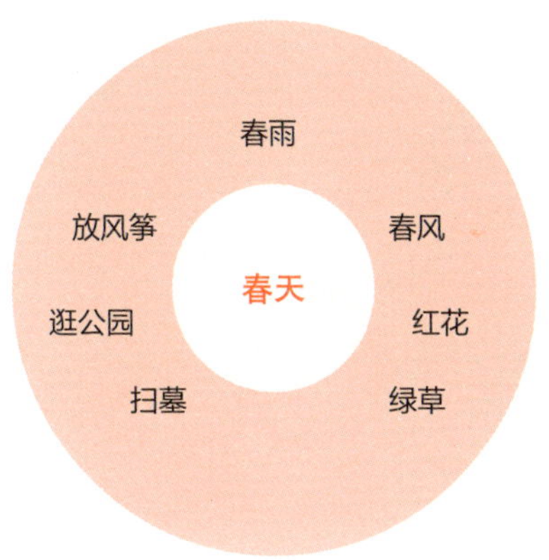

画圆圈图时要画两个圆，把主题放在小圆内，再把联想到的事物放在大圆内。有了这样的圆圈图，相信孩子在写春天的时候一定不会毫无想法了。孩子在联想时，起初可能没什么章法，但是没关系，我们首先应鼓励孩子尽可能地打开思路。慢慢地，我们可以引导孩子按照特定的方法进行联想：比如可以

借助我们的感官，从视觉、听觉、嗅觉、味觉、触觉出发，对主题进行联想；比如春天可以看见小树发芽，听见春雨滴答，闻到花的香气，尝到青团的甘甜，感觉到春风拂面；还可以围绕时间、地点、人物、事件、起因，对主题进行联想。针对不同的主题，孩子只要能够沿着特定的思路进行多元化的联想就可以。

其次是气泡图，它有助于孩子针对特定事物进行描述。比如孩子要描写自己的老师，他可以借助气泡图先进行观察：老师个子很高、戴着眼镜、很有耐心、时而很严肃、批改作业时很细致、爱喝茶水等。根据对老师的观察，我们可以画出这样的气泡图：

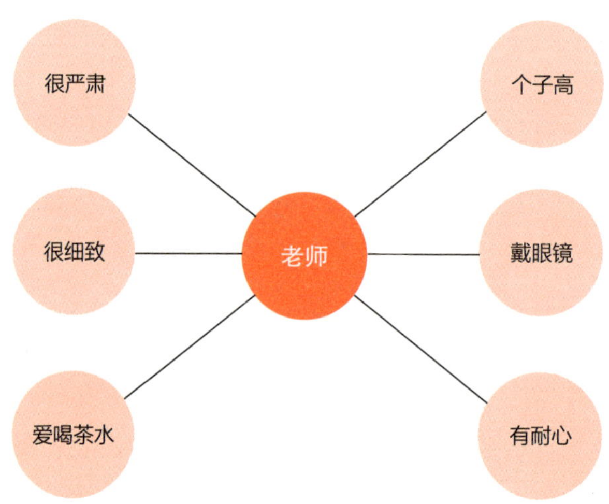

画气泡图时，我们把要描述的对象放在中心的大圆内，再把描述性的语言写在外围的小圆内。相比圆圈图，气泡图更强调孩子对事物的观察能力，要对事物有多方面的描述。

然后是双气泡图，它有助于孩子对两个事物进行比较，找出两个事物之间的异同点。比如孩子在学习了长方形和正方形后，我们可以借助双气泡图进行比较。长方形和正方形有什么共同点呢？它们都是由 4 条边组成的四边形，它们都有 4 个直角。它们有什么不同点呢？正方形 4 条边的长度都相等，而长方形只有相对的两条边长度相等。我们就可以画出这样的双气泡图：

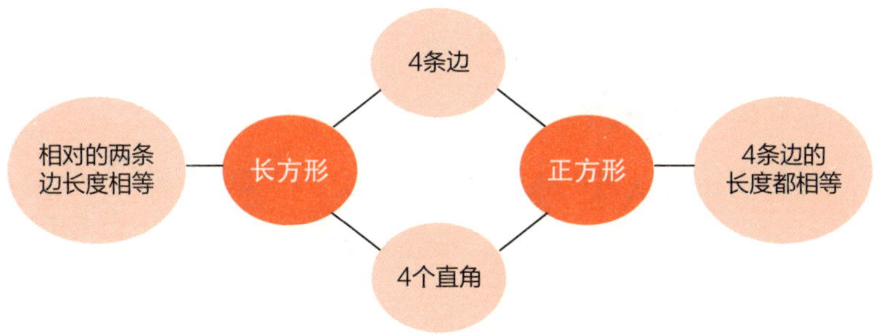

画双气泡图时，我们要把对比的两个事物放置在两边，共同点放在中间，各自的不同点放置在外侧。

最后是桥形图，它能够帮助孩子进行类比。比如孩子在学习完一系列的反义词之后，我们可以借助桥形图进行梳理，如下图所示：

相关性：A 是 B 的反义词

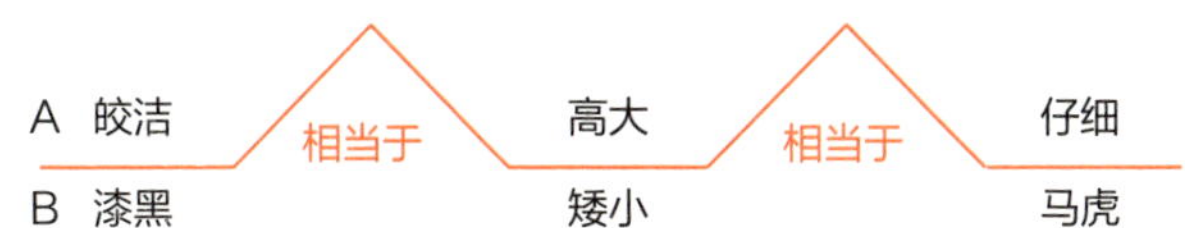

画桥形图时，最左侧要先写出桥形图中上下两个词的关系，这里可以写 A 是 B 的反义词，桥形图中横线上方的词是 A，下方的词是 B。接下来可以把一对对反义词写入图中，折线下方写着“相当于”3个字，来源于英文单词 as。桥形图可以一直画下去，我们可以不断在横线上方写新词，让孩子对出反义词。每次可以让孩子和上一次作对比，是不是能画出更长的桥形图。类似地，在数学课上学完一系列量和单位之后，也可以画 A 是 B 的单位的桥形图，比如米和长度、平方米和面积、克和质量等。

桥形图还可以锻炼孩子找到事物之间关联的能力。比如我们可以画出这样一张桥形图，尝试让孩子填出 A 和 B 之间的关系。在这张图中，A 是 B 的截面，孩子发现了吗?

相关性：

八种思维地图到此都介绍完了。它们只是帮助孩子搭建思维结构的工具，更恰当的使用方法是当孩子思考问题遇到困难时，家长借助特定的思维地图来辅助孩子进行思考。孩子越来越多地使用它们时，自然会产生自己的偏好，甚至能够自己构思新的地图。大可不必把这八种思维地图当作新的知识点让孩子进行记忆，那就本末倒置了。

连接真实生活

演说小达人——搭建表达舞台

说到连接真实生活，我们首先会想到的可能是孩子做过的带有生活背景的题目。但实际上，连接真实生活的真谛在于在日常生活中为孩子创造自我表达和解决问题的场景，从而让孩子意识到学习与生活之间的联系：学习终归是为了更好地生活，生活也教给我们该如何学习。那么，这些场景要如何创造呢？只要家长能学会倾听，认真和孩子交流，这些场景就在生活中随处可见。

比如，遇到传统节日和节气时，家长可以邀请孩子向自己介绍节日、节气的相关背景、常见习俗、相关诗歌等，还可以和孩子一起开展与传统节日、节气有关的活动，同时给孩子讲

讲在自己身上发生的和这些节日、节气相关的故事，这样就能让孩子对传统节日、节气背后蕴含的中华文化有更直接的感受。

当孩子聊起学校里的老师和同学时，家长可以向孩子询问他们的外貌特征、性格特点、在他们身上发生的有趣的事情；当孩子向家长表达自己的诉求时，家长可以请孩子列出理由来尝试说服家长、和家长进行辩论等。这些场景都能让孩子学以致用。

除了文学性的表达，孩子也需要进行数学语言的表达。最基础的可以从生活中的量的感知开始，比如从家到学校大概有多远、夏天吃的西瓜有多重、家里客厅面积大概有多大等。在网购时，家长可以和孩子玩计算游戏，比如 7.5 元 / 包的薯片，买 4 包需要花多少钱。孩子不仅要分享计算的结果，还要分享计算的思路。当不同的网店对同一件商品有不同的打折促销方式时，家长可以请孩子帮忙做出选择。这些场景都能让孩子真切地感受到数学知识可以解决日常生活中的问题。

除了在日常生活中要让孩子表达，我们还可以在家里选择一个固定的地方给孩子作为表达角。每天固定一个时间，比如晚饭后设定 15 ~ 20 分钟作为孩子的表达时间。这个表达的过程既包括孩子的自我表达，也包括表达后家长和孩子之间的沟通交流。在孩子进行自我表达时，家长要在一旁认真倾听并给予正向反馈，以让整个过程更有仪式感。孩子进行表达的主题可以是：

当天所学知识的复述与感想：比如当天学习的课文讲了一个怎样的故事，给了孩子什么启发；或者当天学了什么数学知识，可能有什么用处。

校园生活中的事件：比如当天在学校里发生了什么事情，孩子有什么感受。

孩子自己的兴趣爱好：比如孩子最近新学的技能，有什么精进的窍门；或者最近新读的书、新看的动画片，分享一些其中的情节。

新近发生的社会热点：比如有关环境保护、航空航天、外交方面的事件等，孩子对这些事件了解多少，有什么评价。

刚开始，孩子可能需要家长指定一个表达的主题，而且表达起来也不是很有条理，这都没关系，我们首先要鼓励孩子多开口表达。当孩子慢慢喜欢上表达，有自己想表达的主题时，我们可以再提醒孩子要围绕一个主题有条理地进行表达。

除了用中文表达，我们还可以鼓励孩子开口说英语。根据孩子的英文水平，我们可以引导他进行不同难度的英语表达。比如：

演唱学过的英文歌曲

跟读学过的对话、故事和文段，进一步可以进阶成复述

对看过的绘本故事或动画片片段尝试配音

对学过的对话或者故事进行角色扮演

介绍自己的学校生活，进行简短的主题演讲

孩子在刚开始表达时，不一定发音标准、语法得当，但只要孩子愿意开口说英语，就值得家长给予鼓励。当孩子能够不怯场、自如地开口说英语时，家长再引导孩子关注自己的发音和语法，从而实现用英语流畅地进行表达。

创作小达人——丰富创作形式

看到“创作”，家长首先想到的可能就是写作文。一些孩子越大越不喜欢学校和家长安排的出游，因为每次出游之后都会有一篇逃不开的作文。习作固然是孩子练笔很重要的方式，但在日常生活中，孩子进行书面表达的场景其实是多种多样的。家长可以帮助孩子丰富创作形式，在不同的场景中用不同的表达方式，从而激发孩子的创作热情。

比如，即使面对熟悉而亲近的人，孩子也经常会有不好意思当面说出口的话，这时我们可以鼓励孩子写下来。小到递给同桌的一张贺卡，大到给爸爸妈妈的一封信，家长可以借助书信的形式鼓励孩子流露真情实感。

而在孩子游览完动物园、海洋馆或植物园之后，家长可以和孩子一起制作动植物卡片，标明动植物的形态特征、生长习性、生长环境等，画上相应的图示，让孩子充分运用各种说明方法吸引大家来关注、爱护动植物。

孩子出游之后，家长可以邀请孩子一起编辑一条朋友圈，孩子可以在这条朋友圈中描绘自己看到的大好河山，再配上展现壮丽景色的照片。这样既没有了写长篇作文的压力，又可以期待大家的点赞、评论，得到即时的正向反馈。

如果孩子自己养了小宠物，家长可以引导孩子写下宠物观察记录表，定期记录宠物的成长过程。有条件的话还可以附上丰富的照片或影像记录，从而培养孩子观察生活及借助多媒体进行表达的能力。

除了上述介绍的例子，相信家长还可以在日常生活中找到许多场景来引导孩子进行创作。一旦跳出凡事写作文的限制，结合具体的场景展开更贴切的表达，孩子的创作欲望就能被激发出来。孩子在多种多样的创作形式中，也能对课堂上所学的知识有更深刻的体会。慢慢地，孩子自己就能结合场景找到更加丰富的创作形式，成为创作小达人。

家长还可以为孩子准备作品集，帮孩子把各式各样的作品收录起来。作品集可以让孩子每次创作的作品都有发表的场地，增加仪式感；同时还能让孩子定期回顾自己的创作历程，梳理自己的进步与不足，记录自己的成长感悟。

合作小达人——创建学习小组

随着孩子逐渐长大，他的生活中会有越来越多的伙伴加入，家长不再是孩子仅有的伙伴。而且，越来越多的学校也在采取分组教学、合作学习等新型的学习模式。孩子要面对的不再是自己一个人听讲、一个人完成作业这种孤立的学习状态，而是要找到自己的学习伙伴并一起合作，共同解决学业上的难题，这有助于培养孩子的合作意识与团队精神。在这个过程中，家长可以帮助孩子更好地融入学习小组、积极地参与交流，并鼓励孩子带领整个学习小组共同进步。

美国明尼苏达大学“合作学习中心”的约翰逊兄弟提出合作学习有五大要素：

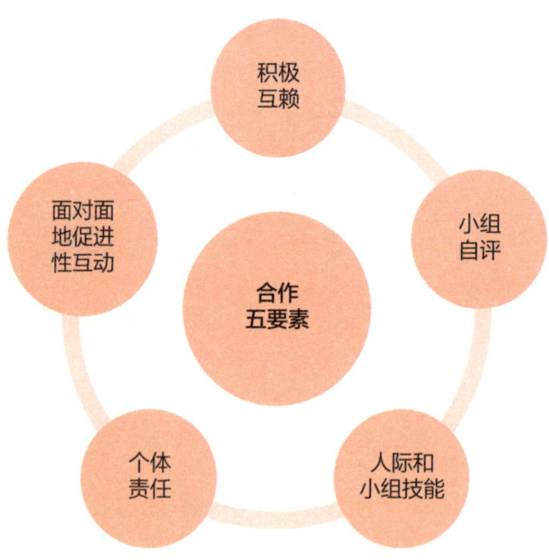

积极互赖：小组内部各个成员需要相互依赖，小组成员不仅要为自己的学习负责，还要为小组其他成员的学习负责，大家是荣辱与共的关系。

面对面地促进性互动：积极互赖产生促进性的互动，小组成员们互相交流观点、互相促进、互相提高、互相鼓励。

个体责任：每个小组成员都必须承担一定的学习任务，没有人可以不劳而获“搭便车”。

人际和小组技能：小组成员需要掌握良好的人际交往和小组合作技能，包括有效沟通、适时赞美和提出意见、统筹协调、寻求帮助等。

小组自评：小组内部要对成员个体和整体的表现进行反思，总结经验和不足，从而不断提升小组整体的学习能力。

家长可以从这五大要素入手，培养孩子的合作学习能力。在日常生活中，最小单元的学习小组可以只有家长和孩子两个人。孩子经常会问许多问题，很多时候家长也无法立刻解答孩子的困惑，这时家长就可以和孩子组成学习小组一起探究。家长可以对孩子说：“不好意思，爸爸／妈妈也不知道为什么，你愿意和爸爸／妈妈一起查资料把问题弄清楚吗？”

在组成学习小组后，家长可以和孩子强调积极互赖的原则，家长不仅要为孩子弄清楚这个问题负责，孩子也要为家长搞明白这个问题负责，从而激发孩子的自主性和责任心。然后，家长可以和孩子共同规划小组学习该如何展开、如何将问题进行拆解、如何进行任务分工等。根据孩子搜集信息的实际情况，家长可以为孩子提供必要的学习资料。在各自翻阅相关资料后，家长和孩子可以就问题进行探讨交流，从而达成一致的认识。在这个过程中，家长要及时赞美并补充提问，鼓励孩子进行良好表达。最后，家长和孩子一起进行评价反思，总结经验。

当孩子习惯合作学习的学习模式之后，家长可以逐渐让渡学习小组的主导权，鼓励孩子进行任务分工并主导讨论，家长只起到倾听、支持、补充的作用即可。与此同时，如果孩子在校园内也经历了合作学习，那家长就可以请孩子分享他在学习小组内的角色和感受，并鼓励他在学习小组内要更积极主动、勇于承担责任，同时注意提升自己的人际交往和小组合作技能。相信孩子在家长的帮助和鼓励下，一定能成为合作小达人。

学会高效学习

时间管理小达人——五步规划法

你的孩子有没有出现过这种情况：假期马上要结束了，还有很多作业没有完成？小到周日晚上才开始写周末要完成的作文，大到暑假最后一天才开始补假期作业，最后只能草草完成。一旦出现这种情况，家长下次可能就会频繁催促孩子去完成作业，一看到孩子在玩耍就会问："作业写完了吗？"殊不知这样只会适得其反，容易让孩子丧失主观能动性，养成"催一句写一笔，不催就不写"的坏习惯。

孩子进入社会后，没有人为他“留作业”，也没有人时时刻刻盯着他完成任务，因此他需要学会自我管理。那么，如何进行自我管理呢？家长可以陪孩子一起使用五步时间规划法。这五步分别是：收集、整理、计划、执行、回顾。

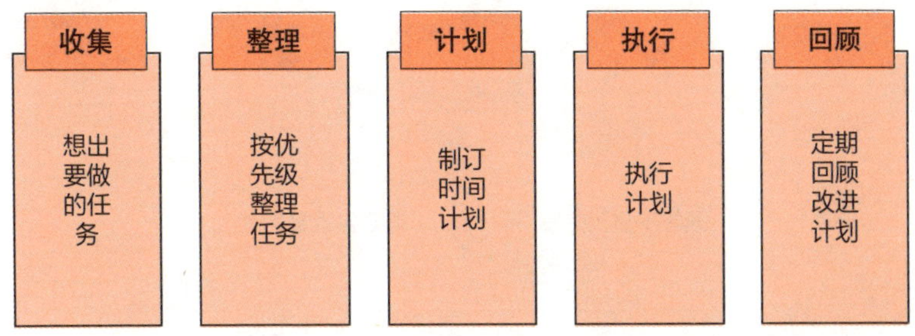

其实，五步时间规划法的“大概念”就是“给重要的任务安排充足的时间去完成”。那么，具体是如何体现的呢？我们依次来看一下。

第一步，收集。孩子在这个时间段内把自己要完成的任务——既包括他要完成的作业，也包括他喜欢的活动——完整地列出来。可别小看这一步，刚开始列的时候，孩子很容易遗忘一些任务，而无法完整地把任务列清楚。这时，家长和孩子可以借助思维导图，一起分门别类地把要完成的任务列出来。

其实，这也是一个和孩子共同“确认”的过程，有的任务看起来是孩子“遗忘”了，但实际上可能是他怀有抵触情绪，不想做。这时，家长就需要和孩子沟通，在“想做”和“需要做”之间达成平衡，最终让列出来的这些任务都是孩子自己认为要完成的任务。

第二步，整理。孩子需按优先级整理自己要完成的任务。我们常说事情需要分个“轻重缓急”，根据任务的轻重、缓急这两个维度，可以使用四象限法则给任务进行分类。

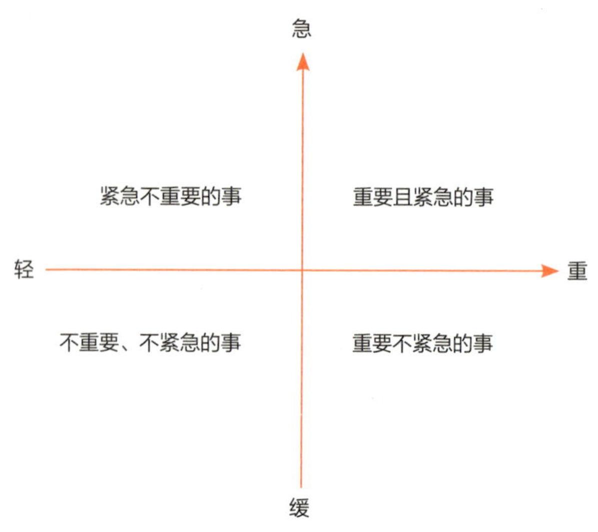

任务可以分为重要且紧急的事、紧急不重要的事、重要不紧急的事和不重要、不紧急的事。这个分类只是一种工具，家长可以基于此来和孩子沟通什么样的任务是“重要”的任务。并不一定所有的学习都是重要的，所有的玩耍都是不重要的。在充分沟通的基础上，家长要相信孩子有安排自己时间的意愿和能力。家长需要和孩子探讨，哪些学习是孩子更需要的，哪些玩耍是孩子更看重的。

经过分类之后，重要且紧急的事当然是要优先保障完成的，而不重要、不紧急的事应该排在最后，即使完不成也没关系。这里面容易发生冲突的，就是紧急不重要的事和重要不紧急的事。孩子很容易因为处理紧急的事情，比如小伙伴喊着一起去玩耍或者喜欢的动画片马上就要开播了，而把重要的事情扔在一边。之所以做这样的划分，也是为了在下一步的计划中为重要不紧急的事情留够充足的时间。

第三步，计划。孩子应按照任务的轻重缓急和需要花费的时间来制订时间计划。有一些任务已经被安排好了时间，做起计划来就会很容易，而有些任务需要预估时间来进行安排，比如写一篇作文，就需要孩子和家长根据以往的经验商量一个合适的时间。

尤其是重要的任务或者陌生的任务，它们对孩子来说极具挑战性，因此我们需要安排更大块的甚至完整的时间来完成，同时还要保证这个时间段精神状态良好。这样这些重要不紧急的任务，就不会被许多突发事件轻易打断，也不会被拖延到截止日期前的最后一刻才匆匆得以完成。

同时，我们要注意劳逸结合，重要的学习和重要的玩耍穿插进行，这样更有助于计划的执行。

第四步，执行。按照安排好的时间计划来执行。这说起来容易，但在执行过程中，孩子时常会三心二意。这再次凸显出做计划的重要性。在任务都安排妥当之后，家长可以和孩子沟通，如果孩子专注高效地完成了学习任务，他就能拥有更多的休息时间，以此来激励孩子下次也能按时间计划执行。

此外，家长还可以尝试使用番茄工作法来帮助孩子。简单来说就是对于一个花费时间较长的任务，以每半个小时为一个周期，连续学习 25 分钟之后，强制休息 5 分钟。连续学习和强制休息同等重要，这不仅不会浪费时间，还能让孩子在这 25 分钟内更加专注高效地完成任务。当然根据任务的实际情况，我们也可以调整为连续学习 50 分钟之后，强制休息 10 分钟。

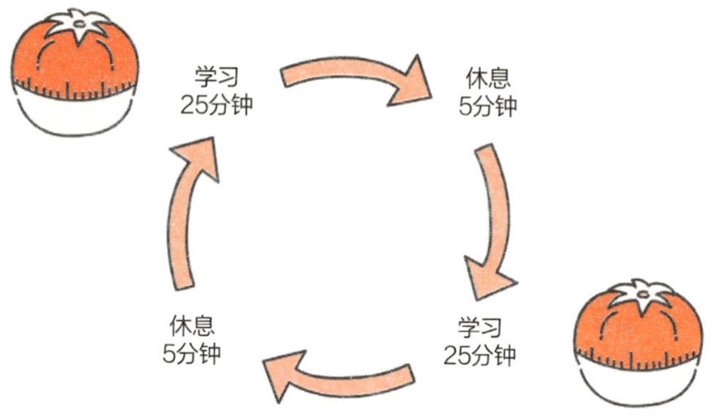

第五步，回顾。定期回顾计划的执行情况并加以改进。小到一个任务执行完之后，孩子可以快速回顾一下任务的完成时间是否和计划相符。如果花费了更多的时间，看看是否需要调整之后的任务安排；如果提前完成了任务，看看是选择多休息一会儿，还是加入更多的任务。

大到这一整个计划周期完成之后，家长可以和孩子一起回顾一下，有哪些地方完成得不错值得鼓励，有哪些地方还有遗憾，下次可以做得更好。实际上，等到孩子对五步时间规划法比较熟练了之后，家长并不需要每一步都参与，或是都用上完整的工具或方法。只要孩子能做到“给重要的任务安排充足的时间去完成”，他就能创造出属于自己的时间规划法。

探索有效学习——SQ3R 学习法和费曼学习法

有时我们发现，孩子看完了一篇文章、一段视频之后，当被问到“这篇文章 / 这段视频讲了什么”时，他总是支支吾吾很难回答上来。这说明这篇文章、这段视频对孩子而言只是“看”了，但没有进入到他的大脑中，或者说他并没有掌握这些内容，这时我们就可以借助 SQ3R 学习法和费曼学习法来帮助孩子。

先来说说 SQ3R 学习法，也叫作五步读书法，是由美国教育心理学家弗朗西斯 · 罗宾逊（F. P. Robinson）提出的。SQ3R 学习法的“大概念”就是“带着问题去学习”。

SQ3R 指的是五个英文单词的首字母，分别对应读书的五个步骤。

第一步，浏览（Survey）。在详读文章之前，先概览文章一遍，留意文章的标题、小标题及结构。快速了解它的大体框架，但不必细读文章的内容。

第二步，提问（Question）。写下当前自己想了解的问题，可以借助每个章节的小标题或者六何法（何时、何人、何地、何事、何因、何法）等来提问。

第三步，阅读（Read）。带着问题阅读，在阅读中寻找答案，同时做好标记和笔记。

第四步，复述（Recite）。借助做好的标记和笔记，自己组织语言复述刚刚在阅读中找到的问题的答案。

第五步，复习（Review）。定期复习，回顾笔记。

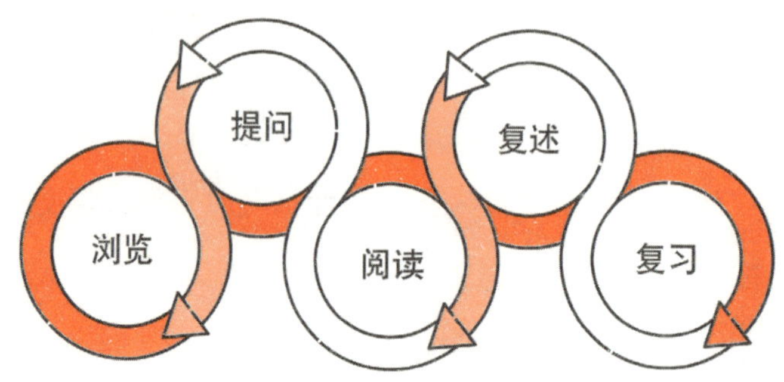

当孩子不带着任何问题进行阅读时，他的大脑很容易只是无目的地吸收信息，从而会出现“左耳朵进，右耳朵出”的情况。而预设一系列问题能帮助孩子有目的地进行阅读，这些问题在大脑内组成了一定的结构，有结构的信息会更容易吸收。除了阅读，孩子在预习一个知识点、看一段有概览的视频等很多情况下，都可以运用 SQ3R 学习法。只要孩子带着问题前行，他就会有更多的收获。

孩子在熟悉了 SQ3R 学习法之后，就需要不断提高自己提出问题的能力，核心而深刻的问题能帮孩子更好地掌握后续要阅读的内容。在每次阅读完全文之后，孩子可以优化自己的提问，尝试让自己提出更切合文章大意的问题，然后再进行回答。

SQ3R 学习法强调的是在学习前要给自己预设问题，而费曼学习法强调的则是在学习后进行输出。费曼学习法是由美国著名物理学家、诺贝尔物理学奖得主理查德·菲利普斯·费曼（Richard Phillips Feynman）提出的。费曼是加州理工学院的物理教授，他的教学深入浅出、幽默生动，而费曼学习法强调的就是模拟教学。

费曼学习法一共分四步：

第一步，确定目标。确认自己要学习的概念或主题，尽可能地掌握它。

第二步，模拟教学。模拟自己是一位老师，把自己所学的知识教给某个孩子，要尽量使用简洁的语言来讲解。

第三步，回顾反思。在教学的过程中可能会卡住或者叙述不清楚，这就说明这些地方自己掌握得不牢固，需要再次学习这些地方，直到能够流畅地阐述所学的知识。

第四步，简化语言。在上一步反思之后，再次将语言条理化、简洁化，直到将你的语言组织成一个流畅的故事。

费曼学习法的“大概念”就是“当你能把一个概念用通俗易懂的语言向外行解释清楚时，你才真正掌握了它”。美国缅

费曼学习法

“以教促学”

把你学到的，

讲给别人听，

最好是完全不懂的人。

因州国家训练实验室的研究数据表明，采用不同的学习方式，学习者在两周以后的信息留存率是不同的。通过听讲、阅读、视听、演示等被动方式进行学习，两周后的信息留存率相对较低；而通过讨论、实践、教授给他人这几种主动方式进行学习，两周后的信息留存率相对较高。其中“教授给他人”的信息留存率是最高的，惊人地达到了90%。这就是美国学者埃德加·戴尔（Edgar Dale）提出的“学习金字塔”理论，和费曼学习法不谋而合。

当孩子看完一篇文章或者学习了一个新的知识点后，家长可以成为孩子最好的“学生”，让孩子讲给自己听。孩子在讲的过程中，不仅能对所学的内容理解更深入，还能快速找到自己薄弱的地方。

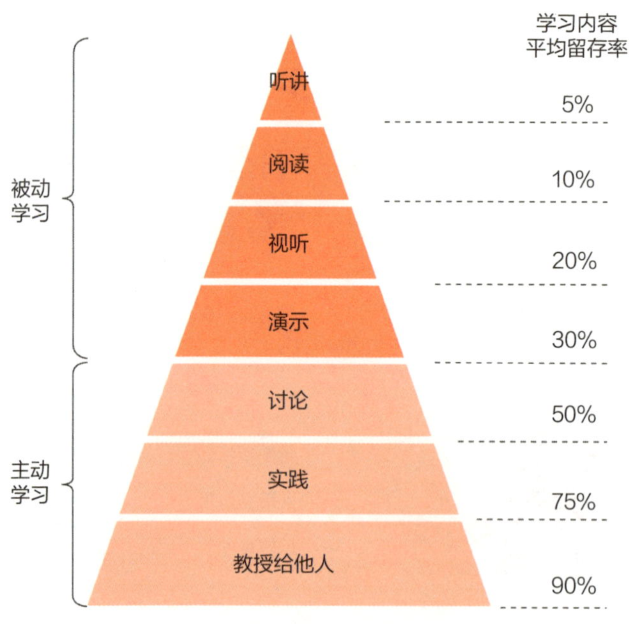

费曼学习法和 SQ3R 学习法可以结合起来使用。孩子在学习一个知识点之前，需要先进行自我提问，再通过学习来寻找答案。学完之后，孩子需要把所学的内容用通俗易懂的语言完整地讲给别人听，这样一个流程下来，孩子一定能高效地掌握所学内容。

拒绝无效笔记——康奈尔笔记法

记笔记是孩子在学习过程中让人很头疼的一件事。老师和家长都会让孩子在上课时记笔记，这样课下才便于复习巩固，可孩子记的笔记总是让人一言难尽。一开始，孩子可能根本就不知道从何下笔，即使动了笔也记得非常潦草。稍微好一些的笔记能把老师的板书完整地记下来，可对着笔记问孩子时，他已忘得干干净净。这就说明孩子在记笔记时，只是单纯在抄写，一点儿也没思考。有没有特别好的记笔记的方法，不仅能让孩子知道从何下笔，又能让记下的笔记真正发挥作用呢？这就不得不说到康奈尔笔记法。

康奈尔笔记法是康奈尔大学教育学教授沃尔特·波克（Walter Pauk）于20世纪50年代提出的一种记笔记的方法。它的应用场景非常广泛，无论是学习了一篇新课文、一个新知识点，还是听了一场感兴趣的讲座，都可以用康奈尔笔记法来记录。

目前，在康奈尔大学学习方法中心的官网上还可以查询到康奈尔笔记法的示例，它分为主栏、副栏和总结栏。在实践过程中，我们发现还需要加上标题栏，最终如下图所示：

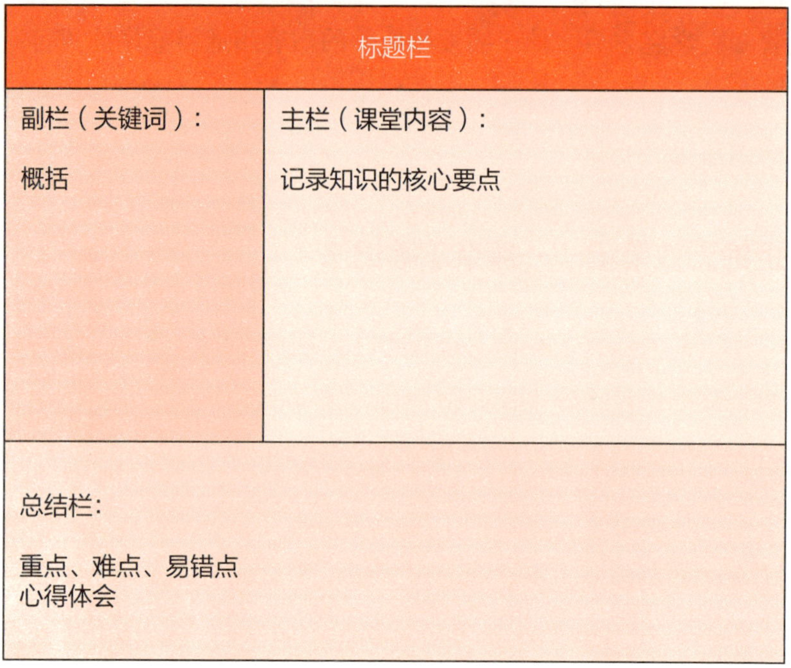

<table>
<tr><td colspan="2">标题栏</td></tr>
<tr><td>副栏（关键词）：
概括</td><td>主栏（课堂内容）：
记录知识的核心要点</td></tr>
<tr><td colspan="2">总结栏：
重点、难点、易错点
心得体会</td></tr>
</table>

在记笔记之前，我们只需要在笔记本上画上两横一竖三条线，类似汉字“工”，分隔出如上图相应大小的四块区域，这样准备工作就做好了。

康奈尔笔记法又称作 5R 笔记法，因为它记笔记的主要步骤可以用 5 个以 R 开头的英文单词来概括：

第一步，记录（Record）。在标题栏写好本节课的主题，并在主栏用短句、关键词等记录课堂的核心要点。

第二步，简化（Reduce）。将主栏的内容经过抽象概括后，以简短标题或问题的形式写在副栏。

第三步，复述（Recite）。遮住主栏，只看副栏中提炼的小标题或问题，尽可能完整地复述出课堂所学的内容。

第四步，反思（Reflect）。将课堂的重点、难点、易错点，或者自己听课时的思考记录在总结栏。

第五步，复习（Review）。每周花固定的时间快速复习笔记，先看总结栏，再适当回顾主栏和副栏。

这样记录的笔记会有什么不同吗？首先，这让孩子记笔记变得有章可循，清晰地规定了不同的内容应该记在什么地方，有着什么样的用处，这样孩子记笔记时就知道该从何下笔了。不仅如此，康奈尔笔记法的精妙之处还在于设置了副栏和总结栏，记录过程中的第二、三步是针对副栏的，第四、五步是针对总结栏的。

先说副栏，对于主栏核心要点的提炼和概括可以很好地锻炼孩子抽象概括的能力，这要求孩子要对所学知识有更深入的思考。在孩子低年级或者刚开始使用康奈尔笔记法的阶段，副栏的内容可以由老师或者家长帮忙提炼。即便如此，这个提炼的形式也对孩子形成思维结构大有裨益。而当孩子对照副栏尝试复述主栏的核心要点时，这再一次在孩子大脑中强化了思维结构。孩子还能借此快速查漏补缺，当他意识到自己不记得了或者说不出来时，他一定会对这次“遗忘”印象深刻，然后会对照主栏强化记忆。

再说总结栏，很多笔记在记完之后就被孩子扔到了一边，再也没有回顾过。往往并不是孩子偷懒，而是孩子复习的时候不知道该看什么、看哪里，感觉都是学过的知识，自己都已经掌握了。针对这种情况，康奈尔笔记法专门设置了总结栏，目的就是把笔记越记越“薄”。孩子可以把这节课的重难点、易错点记在这里，这样就便于在复习时快速进行回顾。除此之外，孩子还可以把自己课堂上或者复习时的心得体会记在这里。这能让这份笔记和孩子产生连接，真正成为属于孩子自己的笔记，而不是一份枯燥的知识点清单。如此，孩子在复习时，回顾的就不只是知识，还有自己的学习历程。

除了副栏和总结栏，在主栏记录时也有一些小技巧。在主栏记录的应该是课堂的核心要点，孩子不需要也没时间把课堂上老师提到的每个细节都记录下来。在每个核心要点之间需要留一些空间，方便后续回顾笔记或者有其他想法时，在空白处添加笔记。

在实际上手的过程中，孩子起初可能会觉得这一套记笔记的方法过于麻烦，此时家长可以引导孩子从他感兴趣的一段故事入手。标题栏写上故事的标题，主栏用于记录故事的主要情节梗概，副栏可以抽象概括出故事情节发展的阶段，比如开端、发展、高潮、结局等，总结栏写上孩子自己的感悟。这样一份有关这段故事的康奈尔笔记就完成了，孩子也会很有成就感。慢慢地，孩子可以不断提升副栏抽象概括的难度，记录一些说理性的文章及所学的数学知识等。

向一错再错说“不”——错题复盘

当孩子做错了一道题时，家长都会要求他订正，于是孩子认真地把正确的解题步骤抄写了一遍。等再次遇到这类题目时，孩子很可能还会犯相同的错误，这是为什么呢？因为孩子并没有理解自己为什么会出错，没有对错题仔细地进行复盘。

复盘，本身是一个围棋术语，指棋手在下完一盘棋之后，要在棋盘上重新摆一遍，看看哪里下得好、哪里下得不好、哪里可以有更好的下法等。现如今，复盘的含义还推广到对自己做事的过程进行反思，一方面看看有什么好的经验下次可以借鉴，另一方面看看有哪些做得不好的地方下次可以修正。

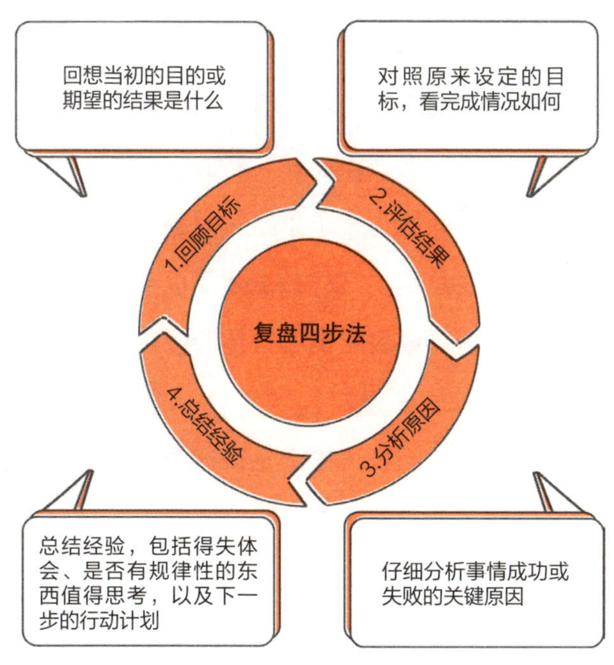

复盘一共有四个步骤：回顾目标、评估结果、分析原因、总结经验。

面对一道错题，孩子同样可以借助这四个步骤进行复盘。

第一步，回顾目标。对于理科题目，孩子需要明确这道题的要求是什么；对于阅读类的题目，孩子需要判断这道题的考查要点，比如是提取关键信息还是概括段落大意等。

第二步，评估结果。不仅要评估这道题是做对还是做错了，还要回顾孩子的做题过程。孩子是从题干中的哪些条件，或者文章中的哪些语句入手的，又进行了怎样的分析和思考，最终得出了这个错误的答案。再对比孩子做题时的思路和正确解题的思路之间有哪些相同，有哪些不同。思考过程本身比答案正误更重要。

第三步，分析原因。从孩子做题时的思路出发，看看客观上孩子对哪些知识的理解还不够深入，或者有偏差；主观上孩子是不是陷入了惯性思维，轻敌大意了。

第四步，总结经验。孩子思路有问题的地方，要反思；但做对的地方，也要总结，这样孩子才能以平和的心态面对每一次复盘，在复盘后形成自己的心得体会，以运用在后续的解题过程中。

读到这里，有的家长可能会觉得这个错题复盘的过程稍显复杂。就是做错了一道题，至于吗？实际上，只有经历这样的复盘过程，尤其是经历了第二步评估结果，才能避免“粗心看错了”“不会做，没有思路”等非常浅显的归因。许多时候只有非常冷静地回顾孩子的思考过程，我们才能从中发现孩子思维的盲区，进而发现领悟大概念的良机。所以说，错题复盘的关键既不在于把错题抄在一本漂亮的错题本上，也不在于着急找出出错的原因，而在于有耐心地回顾孩子的思考过程。

当然，如果对复盘流程已经非常熟练，或者题目本身非常简单，那么复盘时每一步所花费的时间就可以短一些，但这四个步骤依然缺一不可。

除了复盘错题，孩子还可以将复盘的方法运用在许多事情上。小到复盘一次演讲，大到复盘一个阶段的学习，只要经历了复盘的过程，孩子就一定能从中受益。而在这个过程中，最重要的就是实事求是，诚实地回顾当初设定的目标，以及在达成目标的过程中所采取的行为。如果孩子能把在做这件事的过程中发生的行为都梳理出来，很多时候后续的原因和经验就会自己浮出水面。

学习“天才”是怎样炼成的——刻意练习

有的家长读到这里可能会想，前面列举的学习方法那么多，该让我的孩子用哪一种呢？还有的家长这样想：孩子的每个方面都有待提高，不如每个方法都试试。实际上，这种想法很可能会导致孩子“三天打鱼，两天晒网”，每个方法都只图新鲜，最后都没有坚持下来。如果想让孩子在行为上发生改变并真正产生效果，就不得不提到刻意练习的方法。

刻意练习，译自英文“deliberate practice”，这个概念由美国心理学家安德斯·艾利克森（Anders Ericsson）博士提出。简单来说，刻意练习指的是赋予合适目标并提供反馈的持续性练习，也就是“有目的的练习”。在安德斯看来，“天才”都是训练的产物。

实际上，经过刻意练习后，孩子能显著地得到提升。如果只是单纯地堆积练习时长，不仅孩子练得很痛苦，而且获益也非常有限。我们可以挑选孩子在这一阶段最需要提升的方面，然后选择相应的方法让孩子进行刻意练习。

那么，刻意练习具体该怎么做呢？一共有四个要素：明确目标、保持专注、有效反馈、走出舒适区。

首先是明确目标。针对孩子需要提升的方面，设定明确而具体的目标，这样才有助于孩子进行练习。在这里，我们可以借助 SMART 原则来判断我们设定的目标是否有效。SMART 原则最早出现在管理学领域用于目标管理，S、M、A、R、T 分别对应设定目标的五个要求：明确（Specific）、可衡量（Measurable）、可达成（Achievable）、相关（Relevant）、有时限（Time-bound）。在实际操作过程中，我们经常要注意的是可衡量和有时限。

先说可衡量，“这学期要好好学习”就不是一个可衡量的目标，它缺乏一个明确的标准来判断这个目标是否达成了，到底多好才算“好好学习”了呢？而“这周之内利用康奈尔笔记法记一次笔记”就是一个明确可衡量的目标，不仅要记笔记，还规定了记几次、怎么记、在什么时间段内完成，衡量目标是否完成的标准非常明确。只有目标可衡量了，后续在执行目标时才能有的放矢，知道往什么方向去努力。

再说有时限，同样以“这学期要好好学习”为例。虽然它看起来有“这学期”这个时限，但实际上还是很模糊的。“这学期”具体是到哪一天呢？而且“这学期”这个时间段通常比较长，有没有相对更短、更可执行的时限呢？相对应地，“这周之内利用康奈尔笔记法记一次笔记”的时限“这周之内”，就更明确，也更能督促我们完成这个目标。

制定好一个可衡量、有时限的目标，是开始刻意练习的第一步。

其次是保持专注。孩子需要把这一阶段的注意力完全放在完成目标上，这样才能有所突破。

这也意味着我们在设定目标时要有所取舍，不能奢求孩子一下子既能提升时间管理能力，又能掌握费曼学习法，还能学会康奈尔笔记法。我们应该在一个阶段，让孩子重点攻克一种方法。

然后是有效反馈。孩子在学习相应方法的过程中，我们要及时和孩子沟通并反馈，哪些地方做得好需要继续保持，哪些地方应该如何调整，这样才能让他的下一次练习是有意义的。

最后是要走出舒适区。也就是说，孩子要不断尝试那些刚好超出他当前能力范围的事情。我们要根据孩子的实际情况，不断制定他努力踮一踮脚就能够着的目标。这个目标不能太简单，这样对孩子来说就是无意义的重复；但也不能太难，否则不仅无法达成，还会降低孩子的学习意愿。

为了通过刻意练习拥有许多近乎“天才”的技能，安德斯在《刻意练习》这本书中，对刻意练习有着更多详尽的要求。但就我们日常实操而言，只要能落实以上四个要素，就能让孩子获得长足的进步。刻意练习不仅能帮孩子掌握上文提到的那些学习方法，还能用于孩子学习各种技能的场景中，如画画、烧菜等。各位家长可以带着孩子一起实践一下。

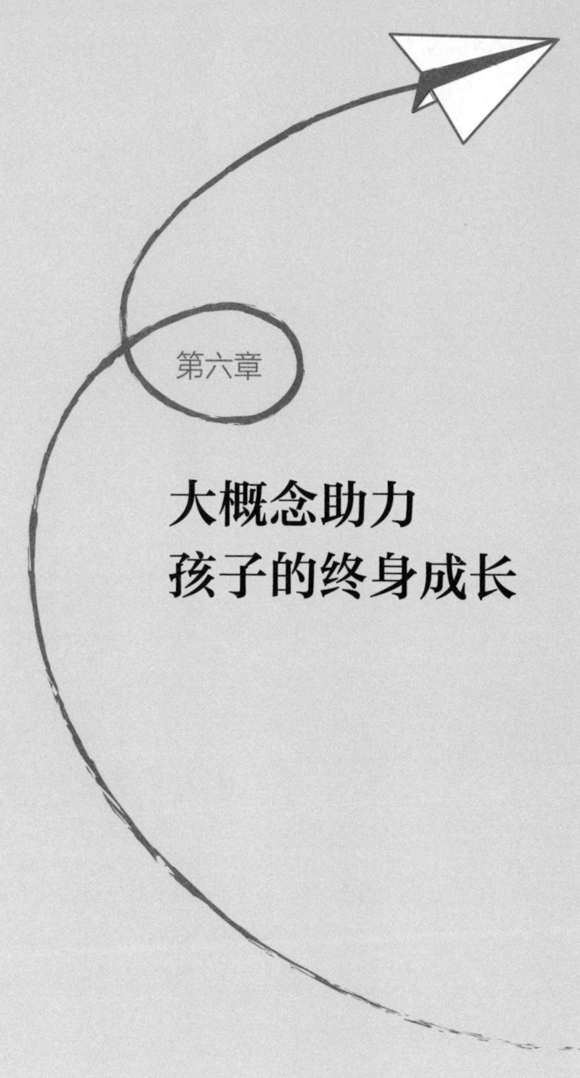

第六章

大概念助力孩子的终身成长

有些家长在和孩子沟通时，经常这样说："你现在只需要好好学习，等考上大学你想做什么就能做什么了。"对于孩子来说，貌似高考前和高考后他的人生会突然间发生翻天覆地的变化。可我们心里清楚，高考只是孩子人生中的一个节点。进入大学后，孩子依然要努力学习充实自己，甚至还会面临更大的挑战，因为他即将步入社会，要去面对一个更复杂的世界。

而家长作为成年人，肯定感受到了当今社会的产业升级所带来的对能力要求的变化。比如对于汽车来说，最核心的部件就是发动机，它是为汽车提供动力的装置，因此一直以来，研发发动机的工程师都是汽车公司的核心人员。可随着国家"双碳"战略的不断落实，新能源汽车行业蓬勃发展，新能源汽车由电池组提供动力，不再需要发动机了，导致市场上对发动机研发工程师的需求不断下降，电池研发工程师的需求不断上升。

如果想要应对这种变化，我们就要能够领悟在变化的时代中那些不变的事物。特斯拉创始人埃隆·马斯克（Elon Musk）最推崇的思维方式是"第一性原理"，而最早提出这个概念的是古希腊哲学家亚里士多德，他说："每个系统中存在一个最基本的命题，它不能被违背或删除，也不能被违反。"通俗地说，“第一性原理”就是让我们回归事物的本质，从最源头去思考一件事应该怎么做。

其实，这与以大概念的方式进行思考是一脉相承的，大概念也要求我们抓住事物的本质，从事物的本质出发进行思考。实际上，大概念不仅在孩子的学习生涯中非常重要，当步入社会后，以大概念的方式进行思考还能帮助孩子不断提升认知，这样在面对一项陌生的任务时就能拥有创新性的解决办法。

物理学家爱因斯坦1931年在其发表的演讲《论教育》中说：教育就是把在学校学到的所有东西全部忘光了之后留下来的东西。著名教育家陶行知先生也曾说过：没有生活做中心的教育是死教育。分数是重要的，但分数不是教育的全部内容，更不是教育的根本目标。好的教育一定是能让孩子蓬勃生长的教育。走出学校之后会忘记的东西，也就是“带不出学校的东西”，但忘光学校所学之后剩下的，是最终“能带出学校的东西”、伴随孩子一生的东西。而以大概念的方式进行学习和思考，是能带出学校的教育。

通过前几章的阅读我们已经知道，大概念有三个本质特点：重本质、结构化、可迁移。这和带出学校有什么关系呢？具体什么东西是能带出学校的呢？

能带出学校的，才是教育

什么东西是能带出学校的

在我们离开学校、步入社会，特别是工作了若干年之后，我们会发现上学时学的很多知识都逐渐忘记了。大家不妨想一想，还记得什么是三角函数、牛顿三大定律吗？很多人可能已经记忆模糊，完全不记得这些概念或者定律到底是什么了，但是，这并不妨碍我们很好地适应生活与工作，究其原因就是在学习知识的同时，我们也获得了独立学习、善于思考、综合实践等底层能力。知识可能会被遗忘，但能力却可以伴随一生。

因此，教育的核心价值不仅仅在于传授各种学科知识，更重要的是能够帮助学生培养未来生存和发展所需的核心素养。庄子曾说：“吾生也有涯，而知也无涯。以有涯随无涯，殆已。”知识是学不完的，但当我们拥有了会学习的底层能力时，我们就可以自主探索世界纷繁的奥秘。

接下来，我们借助几个例子来感受一下，通过学习抓本质的“大概念”而形成的能力或者素养，是如何在之后的学习和生活中发挥重要作用的。

在习得新知识时，最行之有效的方式（尤其是对于自学）就是通过大概念与已有知识建立联系，从而借助有效迁移达到快速提高学习效率的目的。

张丹教授、于国文老师在《“观念统领”的单元教学：促进学生的理解与迁移》一文中，提出这样一个问题：五年级学生在学习了长方体的体积和计算公式后，对于六年级将要学习的圆柱的体积计算是如何认识的呢？

背景：五年级学生已经学习了长方体体积和计算公式（长×宽×高、底面积×高）。

题目：

（1）回忆长方体体积的公式。

（2）长方体的体积还可以用底面积乘高来计算。王强同学认为“圆柱的体积也是底面积乘高”，你同意吗？请说明理由。

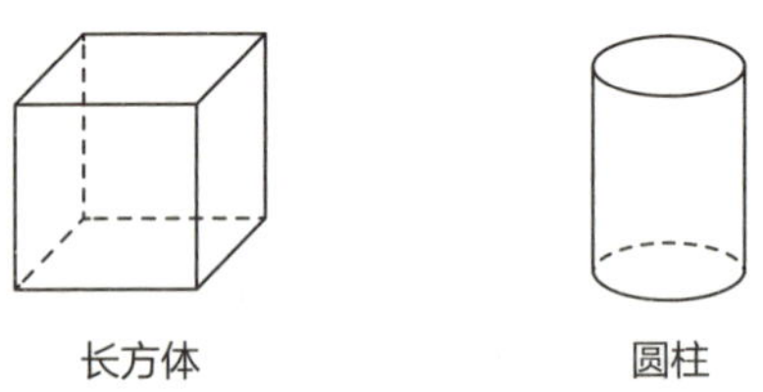

结果，在回答题（1）时，学生的作答都很不错；不过在回答题（2）时，学生的作答却出现了很大差异：

学生1：不同意，因为圆柱还没有学呢。

学生2：不同意，因为圆柱没有长和宽，没有底面积。

学生3：不同意，因为圆柱的面是圆形的，而长方体的面是长方形的。

学生4：同意，因为圆柱和长方体一样，长方体相当于把长方形向上拉起形成的，而圆柱相当于把圆形向上拉起形成的，所以圆柱的体积是底面积乘高。

学生5：同意，因为知道了一层是多少，再知道有这样的几层就是体积，圆柱每层都是一样的。

显然，后面两位同学的回答是我们所期望的。长方体也好，圆柱也罢，其实它们都是“直柱体”，因此都可以用底面积乘高来计算体积，两位同学也正是意识到了这一本质，才在进行知识迁移的时候容易了很多。此时新知识已经变为已有知识的延续，学起来自然事半功倍。

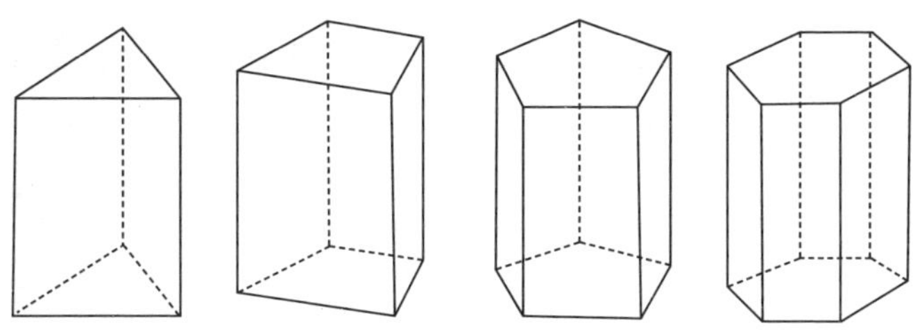

体积：均为底面积乘高

因此，我们一直强调的是，学习固然是对知识的掌握，但更重要的还是能力的习得。我们可以不记得长方体或是圆柱的体积公式，但是我们要具备通过本质将二者进行统一的能力。

谈到工作，人人都希望能够“升职加薪”，但我们却经常听到这样的说法：“我已经非常努力工作了，为什么升职加薪的却不是我？”其实这背后的原理非常简单，企业支付给员工报酬，就是要购买员工的劳动力，严格来说是劳动力所创造的价值，即工作的本质就是价值交换，员工创造的价值越大，回报也就越大。

一个人所创造的价值大小，往往与其工作的不可替代程度直接相关，而不可替代的程度又取决于个人的专业能力、管理能力等。如果细心观察，我们就会发现身边那些能够“升级加薪”的人都会有意识地通过“职场充电”来提升自己，而这就需要具备自主学习的底层能力。

如此一来，一切又回到了原点，为了个人发展和更好地适应未来社会，孩子们必须在学习知识的同时，培养自己会学习、会思考、会实践的底层能力，这也是最值得且最需要带出学校的东西。

始于知识，达于素养

随着经济全球化、文化多样化、社会信息化的深入发展，各国先后提出了21世纪的学生应具备哪些核心素养，核心素养研究浪潮已席卷全球。基于此，我国也出台了一些相关的政策。

2014年4月，教育部在《关于全面深化课程改革 落实立德树人根本任务的意见》中，首次提出要“研究制订学生发展核心素养体系”，并表示“构建学生发展核心素养体系对提升人才培养质量、增强国家核心竞争力至关重要”。

2016年9月，《中国学生发展核心素养》发布。文件中提到“学生发展核心素养，主要是指学生应具备的、能够适应终身发展和社会发展需要的必备品格和关键能力。中国学生发展核心素养，以培养‘全面发展的人’为核心，分为文化基础、自主发展、社会参与三个方面”。

2017年底，教育部印发《普通高中课程方案和语文等学科课程标准（2017年版）》，各学科基于学科本质首次凝练了本

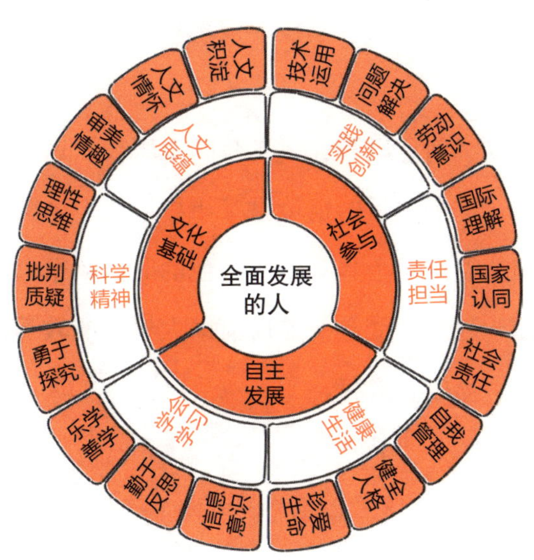

学科的核心素养，并提出“进一步精选了学科内容，重视以学科大概念为核心，使课程内容结构化”。

2022年，教育部印发《义务教育课程方案和课程标准（2022年版）》，各学科均由核心素养指导课程内容、教学提示、评价与考试命题、教材编写等，注重培养学生在真实情境中解决问题的能力。

伴随着国家对素质教育的改革推进，我们发现，很多学校的教学模式与学业评估方式也在发生巨大的变化。

在教学方面，以往只会针对课本上的相关知识来教授，数学课上学数学，语文课上学语文，但现在我们需要多关注：我们今天所教的东西对孩子的未来有价值吗？价值在哪里？基于这一思考，很多学校在课堂教学中开展了跨学科的学习模式。

比如，以“创意风筝，放飞我的中国梦”这个跨学科项目化学习为例。这个项目的情境是某市要举办一个国际风筝节，想请你们团队设计一个具有中国特色的时尚风筝。通过其目标设计，我们一起来感受一下如何借助大概念的教学模式帮助孩子在实践中培养核心素养。

案例1：创意风筝，放飞我的中国梦

<table>
<tr><th colspan="4">素养目标</th></tr>
<tr><td colspan="4">能够在不同的情境下，根据不同的目的、对象和需求形成解决问题的思路。能够理解分类，具有灵活的分类意识。初步了解配色的原理，培养对色彩及搭配的敏感度。了解审美的差别，达成国际理解。学会分析物品的构成，并能动手制作，体会完成作品的成就感。</td></tr>
<tr><th>层面</th><th colspan="2">单元大概念</th><th>具体单元目标</th></tr>
<tr><td rowspan="2">跨学科层面</td><td>大概念 1：问题解决层面的大概念</td><td>任务的明确常常要综合考虑外部因素和内部因素。外部因素包括客户的需求、社会发展的趋势等，而内部因素则是指团队或个人的自身条件、兴趣特长等</td><td>1.1 认识到风筝的设计和制作具有不同的用途和风格，能明确区分不同类型的客户需求
1.2 能根据具体要求设计一个反映中国特色的时尚风筝</td></tr>
<tr><td>大概念 2：思维方法层面的大概念</td><td>分类思维是按照一定的标准将事物划分成不相交叉和重叠的若干类别的思维方式。同样的事物可以按不同的分类标准划分为不同的类别</td><td>2.1 领悟到按照色彩、形状、功能等不同标准可以将风筝分为不同的类别
2.2 能通过不同的分类方式拓宽对风筝的理解，激活风筝设计的思路</td></tr>
</table>

<table>
<tr><td rowspan="3">学科层面</td><td rowspan="2">大概念 3：美术的大概念</td><td>实用物品的配色与用途相关，色彩搭配给人的感知不仅取决于色彩，还和每一种色彩所占的面积有关</td><td>3.1 理解色彩对人的心理影响
3.2 掌握色彩的搭配原理</td></tr>
<tr><td>地域审美喜好具有差别</td><td>3.3 比较各国的风筝配色和图案的不同
3.4 理解和尊重不同文化下人们的审美差异</td></tr>
<tr><td>大概念 4：科学的大概念</td><td>外界环境影响人造物品的制作</td><td>4.1 明确风筝的构成要素及各部分的功能
4.2 理解风筝这一类物品对外界环境的依赖性
4.3 能使用科学、有效的方法进行风筝制作</td></tr>
<tr><td colspan="4">其他具体单元目标</td></tr>
<tr><td colspan="4">学会操作钳子、剪刀、美工刀等简单工具，学会扎制、糊面、绘制等操作技能</td></tr>
</table>

学业评估方面，学校也不再单一地以考试成绩为评价标准，而是注重过程性与终结性相结合的方式，并且考试不再单一考查对于知识本身的掌握与运用，而是综合考查核心学科知识与核心素养。

案例2：对核心素养“社会责任”的测试

题目：

每年7月至10月，在加拿大、美国阿拉斯加和挪威等地可观赏到三文鱼洄游的奇观。临近产卵期的三文鱼浩浩荡荡地逆流而上，跳跃小瀑布和小堤坝，历经艰辛回到出生地产卵，随即结束自己的生命。而孵出的小鱼苗将顺流而下回到海洋，通常3至5年长大成熟。据统计，野生三文鱼数量在过去30年内已减少2/3。仅在1994年至1999年间，北美河流的三文鱼年穿行量就从大约20万尾下降到8万尾。自20世纪60年代开始的肆无忌惮的商业捕捞是三文鱼濒临生存警戒线的根本原因。

2015年11月，美国食品药品监督管理局在经过5年食用安全性和3年环境安全性的评估后，批准了转基因三文鱼上市。该转基因三文鱼的基因组中导入了两个基因，其中一个是奇努克三文鱼的生长激素基因，改变了大西洋三文鱼原有的生长激素调节方式。这些转基因三文鱼经进一步实验处理成为三倍体雌鱼。经过基因修饰后的大西洋三文鱼生长迅速，仅需18个月便能生长到成年体型。

问题：

1. 三文鱼是深受人们喜爱的鱼类，其竭尽一生产卵的生命历程辉煌而悲壮。人类可以采取哪些措施保护野生三文鱼资源？

2. 转基因生物释放到自然界中的担忧之一是：转基因生物中含有的目的基因会通过有性生殖扩散到野生基因库中，从而对遗传多样性造成影响。你认为本例中的转基因三文鱼是否会发生此情况？为什么？

3. 你认为培育转基因三文鱼上市的生态学价值是什么？

评价标准：

问题	核心素养	水平	核心素养表现	答题要求
1	社会责任	3	参与社区生物多样性保护以及环保活动的宣传和实践，具体通过科学实践解决生活中问题的意识和想法	能根据题干情景，提出合理、有效的保护措施
2		4	针对现代生物技术在社会生活中的应用，基于生物学的基本观点，辨别并揭穿伪科学	三倍体的同源染色体是三条；配子中有的染色体是 2N，有的是 N，由此联会出现紊乱；减数分裂时染色体无法平均分配，这可用来解释不育的原因
3		3	基于生物学的基本观点，辨别迷信和伪科学；参与社区生物多样性保护以及环保活动的宣传和实践	能通过转基因三文鱼生长迅速这一特点，阐述节省资源的优势，并能考虑到野生三文鱼种群的保护和发展

哈佛大学教授戴维·珀金斯在《为未知而教，为未来而

学》一书中提到，工业时代的教育模式是一个层级结构，由专家提炼学科知识，编成教材，然后由老师传授给学生，学生往往都是记忆了诸多的专家结论；信息时代将“层级结构”转变为“网状结构”，这里的“网状结构”围绕的是“真实生活与现实世界中的问题和机遇”，把学校教育与现实世界融通，也就是今天学的知识要对未来解决现实中的问题有用，学生要能

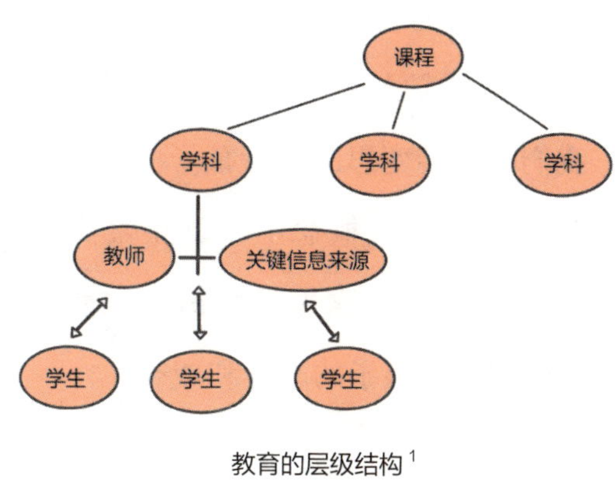

教育的层级结构[1]

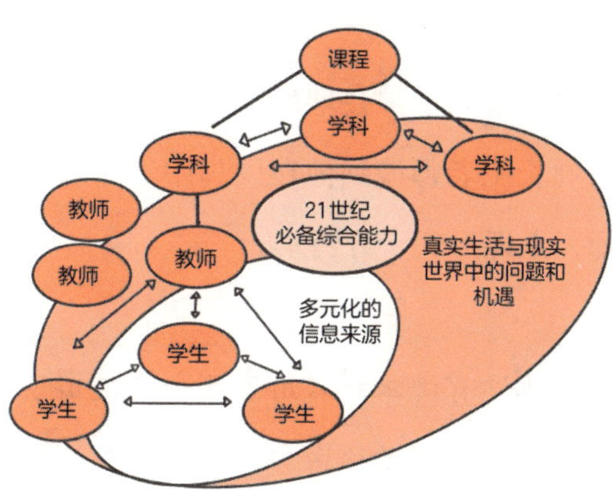

教育的网状结构

1　大概念教学——素养导向的单元整体设计［M］．刘徽．北京：教育科学出版社，2022。

像专家一样思考，具备专家思维。

我们不难发现，“核心素养区别于应试学习的最大特质就在于真实性。这里所谓的真实性，不是既有知识的再现，而是新知识的生产；不是知识的记忆，而是基于先行知识的学术探究；不是学校中封闭的知识成果，而是具有‘超越学校价值’的知识成果”。[1]

作为家长，我们要意识到，以往依靠记忆知识、机械刷题、掌握应试技巧等方式已经不能让孩子很好地应对未来的学习和考试了。我们需要转变思路，让孩子的学习实实在在地落在掌握本质、高效迁移的大概念上，真正聚焦于能帮助孩子更好地适应未来社会的核心素养的塑造上，而这也就需要我们以更长远的眼光来看待孩子的教育和成长。

追求长期主义

曾担任过北京市数学学会理事，编写出版过多种教材、数学学习读物的周长生老师谈到他在读高中一年级时，有一位教英语的白老师，上课形式十分特别。

第一节课，他没有讲课，只用了几分钟提出了一个要求，就是每讲一节新课，事先必须由学生自己认真预习全篇课文，课上也是由同学们来做主要讲解。然后，他就走了。由于白老

1 真实性——核心素养的精髓［N］. 钟启泉. 中国教育报，2019。

师在同学中威信不高，大家并没有太在意这个要求。

第二天一上课，白老师发现班上没有一个人预习，于是大发脾气，狠狠地批评了所有同学，最后说了一句：下节课，还是预习这篇课文，再来提问检查。这回大家都不敢再疏忽了，个个翻查字典，精读课文，做了充分的预习准备。

自此之后，每一节英语课，绝大部分时间都由白老师临时指定少数学生轮流分段讲解，最后再补充总结。慢慢地，周长生老师所在班级的大部分同学都有了自学英语的习惯，查英汉词典已经成了家常便饭，对每一篇课文都有很深的印象，而且记得很牢固。但是，当时周老师丝毫没有意识到，这其实是白老师的教诲及同学们自己精度深思的结果，而且也并不认为白老师是一位好老师。

高二、高三的英语，换成了同学们盼望已久的名师，讲课与白老师截然不同：上课从不看课本，但逐字逐句分析得很透彻，同学们佩服得五体投地。两相比较，大家更加觉得白老师是一位水平很差、不合格的老师了。

然而，周长生老师在北京四中经历了20多年正反两方面的经验教训后，才对这件事有了正确的认识，恍然醒悟到白老师才是平生最好的一位老师。

不知道各位家长读完这个例子后，是否会有一些感触。从21世纪开始，“启发式教学”“把课堂还给学生”“让学生成为课堂真正的主体”等教育理念，就一直在探索和逐步推进中，这些理念都是能够真正培养学生底层能力的，也非常顺应时代发展的需要。但“唯分数论”的盛行，导致很多学校和教师在实际教学过程中仍采用“教师讲，学生听”、题海战术等教学模式，很大程度上脱离了现代教育理念。即使一些学校或教师采用“高效课堂”的理念，但主要还是流于形式，并没有从真正意义上鼓励和引导学生参与学习、自主学习、合作学习等。

而在2022年版的“新课标”发布后，培养目标、评价体系等很多方面都发生了巨大变化，从根本上改变了“唯分数论”的现象。因此，讲课是否能做到“不看课本，逐字逐句，分析透彻，清清楚楚，明明白白”，不再是评判一位老师的唯一标准。从应试教育中成长起来的每一位老师、每一位家长，都应该思考这样一个问题：对于孩子来说，什么样的学习才是好的学习？

前面我们已经说过，只要真正培养起底层能力，就既能解决孩子当下的问题，也能助力他的一生。因此，好的学习，一定是把学习放在一个更长的时间维度里来看，即在学习这件事上，要追求长期主义。

长期主义，顾名思义就是基于长期的目标或结果来行动或做出决策。亚马逊创始人杰夫·贝索斯（Jeff Bezos）于1997年在给股东的第一封信中，就明确提出：一切都是关于长期价值的。而对于孩子的学习来说，相信各位家长都能达成这样一个共识：现在的学习，是为了孩子更长远的未来。其实，这就是长期主义。然而，在这样的共识下，仍有两个误区需要注意：

误区一：上学的时候拼命学，工作后就不学习了

这个想法放在20世纪也许可以，但在高速发展的21世纪，它已经不适用了：为了适应社会的高速发展和知识的迅速更迭，每个人都需要“终身学习”。更何况，孩子要面对的是10年、20年，甚至30年以后的世界，因此，家长需要跟孩子们强调不是“现在需要拼命学”，而是应该养成不断探索、自我更新的长期学习意识。

误区二：推崇记大招，记套路

一些老师为了让知识好记，会编一些“大招”，总结一些解题的“套路”，更有甚者，每堂课都会有一个小口诀，让孩子们背下来。而一些家长对此也表示赞同，认为只要能让孩子记住知识点，会做题了，就是好的老师。从某个角度来说，这种方法确实迎合了这部分家长的需求：保证孩子高效率学习，短期内提高成绩。

然而，过于追求大招、套路，真的是好的学习方法吗？

我们曾经都背过这样一句口诀：“奇变偶不变，符号看象限。”这句口诀是用在哪里的？解决了什么问题？可能大部分家长都回答不上来了，实际上这句口诀是帮助记忆三角函数诱导公式的。那么，它能帮助我们解决当下的什么问题吗？不能。前面提到过，能带出学校的才是教育，也就是思考问题的方法和解决复杂问题的能力。但如果我们带出学校的，最后只是一句口诀、一个大招，甚至忘记了它们的用途和作用，那

就是舍本逐末，背离了教育的最终目的。一些学习方法也许能解决当下的问题，但从长远来看却是得不偿失的。

因此，好的学习，一定既能解决当下的问题，也能为未来打基础。

那么，在孩子的教育问题上，我们应该从什么时候开始追求长期主义呢？相信各位家长心里已经有了答案，那就是从现在开始。不知大家是否发现这样一个现象：虽然现在各地中考、高考的难度参差不齐，而且每一年的难度也不尽相同，但整体上中考更简单，高考更难。到了高中，孩子如果还未习得解决复杂问题的能力，那大概率是难以取得高分的。如果到了高中再去培养这样的能力，那就为时已晚。

如何追求长期主义呢？第一，着重培养前面说过的“能带出学校”的东西；第二，家长在帮孩子选择课程、选择老师时，需关注其是否能传授长期有效、影响深远的学习方法。

追求长期主义，本质上也是让孩子从“学会”到“会学”，以应对不断变化的世界，从而将在学校习得的专家思维和高通路迁移，应用到日后生活和工作的方方面面。

大概念在未来生活、工作中的应用

上面所述的这种“能带出学校”的能力，如何在未来的生活、工作中得以应用呢?

对于未来世界的发展，我们不能完全预见，但有一点我们必须明白：目前科技与国际化的发展为世界带来翻天覆地的变化，人工智能、清洁能源、机器人技术、基因工程等各类新兴领域正在无限大的崛起与创新。

面对未来潮流，孩子们的生存能力、学习能力与职场竞争力等都需要不断强化，如此才能适应未来的生活和工作。因此，孩子们从现在开始就需要具备一些基本的素养，比如与人顺畅沟通、高效合作等。

沟通是人际交往中很重要的一种方式，它无处不在，无时不有。例如，与家人的沟通、与朋友的沟通、与上下级的沟通等。有时，沟通方式不当就会引发争执和冲突，甚至使彼此的情绪失控。倘若我们能利用沟通的大概念，理解沟通的本质，并将其用于与其他人的交流中，那就能取得良好的沟通效果，从而达到自己的目的。

进入职场后，向领导汇报工作是一项极为重要的任务，同时也是沟通的一种形式。但很多时候，这种汇报很难让领导满意，要么“像流水账，没有重点”，要么“事事汇报，没有必要”，要么“内容凌乱，没有逻辑”……这样的沟通是无效的，或者说是低效的。那么，我们应该如何提高沟通的效率呢？首先，我们要知道沟通的大概念是什么，即沟通是有对象的目的性行为。

如果我们能够理解沟通的大概念并加以应用，那么在与领导沟通之前，我们就能想清楚以下几个问题：

沟通是有对象的——

我汇报的对象，是更追求效率的直接型领导，还是更追求细节的细致型领导？面对这样的领导，我汇报的形式、汇报的逻辑最好是什么？

沟通是一种目的性行为——

这次汇报，我想说的重点是什么？我的领导想听的重点是什么？两者是否匹配？

在想清楚上述问题之后，我们再调整自己的沟通内容，就能使向领导汇报这项工作变得高效顺畅，从而获得领导的认可。

另外，合作也是一种很重要的素养。一些家长可能认为，合作就是几个人共同完成一件事情，非常简单。但是，“一个和尚挑水吃，两个和尚抬水吃，三个和尚没水吃”这句俗语已经清楚地表明，要想达到“1+1>2”的合作效果，并不是一件简单的事。而合作又有不同的阶段，最常见的就是“构思”和“执行”两个阶段，不同阶段的素养目标、与合作对应的大概念也不尽相同。

阶段	素养目标	大概念
构思	学会尊重他人，既能倾听他人的意见，也能表达自己的意见，能够充分组织和融合不同人的观点	对同一问题，每个个体都会有不同的看法和想法，团队合作就是要充分融合不同的观点，从而产生集体效应
执行	学会将任务分解成不相交叉的部分，交给合适的人去完成，并能相互协调、互帮互助，高效完成任务	每个人都有自己的所长，通过任务的合理分解不仅可以提高工作效率，还能提升工作质量

举一个非常简单的例子：在家里做饭时，与上面的“构思”和“执行”对应，通常可以分为“做什么”和“怎么做”两个阶段。在思考“做什么”时，如果仅考虑某个人的想法，那么做出来的菜可能只有这个人爱吃；而如果我们充分融合不同的想法，那么做出来的菜就能让每个人都满意。在思考“怎么做”时，如果想尽快完成，就需要根据每个人擅长的部分进行分工，同时进行时间的合理分配，大家分别发挥所长，协力合作，这样才能快速做出一桌丰盛的佳肴。

综上所述，“知识”是可以提炼出大概念的，而沟通、合作等核心素养也能在挖掘本质的基础上总结出大概念，然后进行迁移应用。由此可见，借助大概念进行思考，的确是一种“能带出学校”的思考方式。学习这种思考方式，有助于孩子培养核心素养。家长还可以通过对大概念的理解，用战略视角来规划孩子的成长。

用战略视角规划孩子的成长

一提到战略，很多人首先想到的就是商业情境。

我们知道，每个公司都需要制定自己的经营战略，如五年战略、十年战略等。在既定战略的指导下，再制订具体的战术，比如要做强的业务是什么，实现扩大规模的关键点是什么，是开发投放新的产品还是覆盖原来未曾占据的地域市场；如果要占据某个地域市场，是靠线下开设门店，还是靠线上渠道的运营……总之，战术的制订，一定是为了确保战略目标的实现。

拟订好战术之后，就落到了具体的执行层面。也就是说，做好一个公司，要先有战略，再制订战术，最后切实执行，自上而下，层层支撑。

同样，孩子的学习乃至人生，也需要用战略视角来规划。

战略—战术—执行

类比上述公司发展的例子，孩子的人生规划也可分为战略层、战术层、执行层。每个层面的重要性不同，要思考的问题和具体要做的事情也不同。

很多家长在职场中讲战略、谈战术时头头是道，但面对孩子的学习和人生规划时，却经常舍本逐末，全无谋略。

在日常与学生家长的访谈、调研中，我们发现了一个很有趣的现象——在聊到有关孩子的学习问题时，家长都滔滔不绝：数学是计算粗心还是畏惧难题，语文是不爱读书还是怕写作文，学习习惯上是写作业拖拉还是爱丢三落四……家长对孩子的这些具体学情了如指掌，同时表现出了明显的焦虑。另外，在聊到课外活动时，对孩子学什么特长、假期如何安排等，家长似乎也有说不完的话。

听完这些后，我们常常会问一句：您花了这么多心血，是希望孩子长大后成为一个什么样的人呢？刚才还滔滔不绝的家长们常常会突然愣住，陷入沉默。有的家长直接说，这个问题还没想过；也有的想了想说，希望孩子“幸福”“一生快乐”，给出一些“正确却模糊”的形容词，看起来并未经过充分的思考。

如果把孩子比作公司，把孩子的成长过程看作一家公司的崛起过程，那么各位家长无疑就是这家“孩子人才公司”的首席执行官（即CEO）。回到战略、战术、执行这三层，各位家长不妨稍作反思：自己是否陷入了日常的细节里无法自拔？比如，如何提高成绩、学什么特长、买什么参考书等有关战术层甚至执行层的问题，却忽略了战略层的问题。

那么，什么是这家公司最重要的战略问题呢？那就是希望孩子成为一个什么样的人。如果从大概念的角度来看，这无疑是最本质、最底层的核心问题。一家公司没有战略而只有执行，就是瞎忙，对孩子来说也是一样。如果不为孩子制定成长战略，那么全家投入的资源一定就是低效甚至无意义的，最终连孩子的成长方向都有可能跑偏。

在前些年的“奥数热”“小升初择校热”中，很多家长都让孩子学奥数并参加比赛，期望以一纸获奖证书作为进入名校的敲门砖。然而，就好比大家都可以打羽毛球，但并不是所有人都能参加奥运会的羽毛球比赛一样，奥数毕竟是竞赛，如果只是适当选择部分内容用以训练思维能力，尚且都有一定难度，更何况强行让一个普通的小学生学习竞赛水平的内容，还对取得名次有所期许，这很容易变成高强度的刷题强记。这种现象到了高年级尤为明显：课内的知识量和难度都在增加，很多孩子已经疲于应对了，而与之匹配的奥数内容的难度也在提升。更糟糕的是，到了初中这些孩子明显后劲不足，因为他们丧失了学习的兴趣和热情，只会用一种机械的、错误的模式来学习。

这就是一个典型的没有战略就盲目执行的反面例子。如果我们没有想清楚“为什么让孩子学”“孩子适不适合学”，只是出于焦虑就盲目跟风，那么不但达不到预期的效果，还会对孩子的长期发展造成负面影响。另外，在兴趣班的选择上也存在这样的问题。

在报兴趣班时，最常听到家长讨论的是“学××去哪家机构好”“学××是在线学好还是线下学好”……这些都是关于“怎么学”的问题，也就是非常典型的执行问题。然而，当问到家长“为什么报这些兴趣班，都是出于哪些考虑”时，他们的回答就会体现出简单的从众心理，比如“老师问谁会弹钢琴，班上同学几乎都举手了，那我们家孩子也得学”，或是“朋友孩子报了××说挺好的，我也跟着报了一个”，等等。

每个孩子都是独一无二的个体，人云亦云会抹杀个体的特性，最终变得泯然众人。因此，我们要想清楚“孩子要不要学”“为什么学”，只有确定了“为什么学”，再说“怎么学”才有意义。

一些家长在选择兴趣班的时候，的确是“想清楚”了的，比如“学编程可以培养孩子的逻辑思维，对将来找工作也有好处”“学钢琴能够提高艺术修养，还可以锻炼孩子的毅力”，等等。基于这些理由，很多家长认为孩子最好什么都学、什么都会，因此给孩子报了一大堆兴趣班，导致孩子苦不堪言，“兴趣”也变成了“受罪”。

虽然孩子学习每一项技能都能有所获益，但孩子的时间是有限的，一个家庭的教育预算也是有限的。面对“无限多”的兴趣特长，如何在时间有限、预算有限的前提下，做出最优的、最适合孩子的选择，其实才是各位家长应该考虑的战略问题。学钢琴的时间和金钱也可以用来学体育、学美术，当家长为孩子报名学钢琴时，也就意味着放弃了体育、美术，这就是一个取舍，这种选择是有机会成本的。让孩子坚持练钢琴 10 年，和让他把练钢琴的时间全部用来踢足球，这两个选择带给孩子的影响一定是有巨大差异的。如今孩子的时间越来越宝贵，因为他们要做的事情特别多，所以家长要慎重、充分地思考，而不能轻易做决定。

做“孩子人才公司”的 CEO

通过上文很多的类比和举例，希望家长能够树立一个全新的理念：用战略视角来规划孩子的成长。那么，具体应该怎么做呢？下面简要讨论几个关键点：“知己知彼”定战略，“抓大放小”盯执行，“长期视角”看结果。

1. “知己知彼”定战略

上文反复强调，要先有战略，再谈战术和执行。“孩子要成为一个什么样的人”就是最核心的战略问题，要回答这个问题，应该“知己知彼”——向内，充分认识自己的孩子；向外，充分理解所处的时代。

第一，充分理解所处的时代。每个人都无法脱离社会而独立存在，“成为什么样的人”这个问题必须放在一个特定的时代环境里去讨论才有意义。理解时代在发生什么、搞清楚时代能提供什么、明白时代需要什么，才能找到个人命运和时代发展的最佳结合点。

和家长们一样，作为教育工作者，我们也需要面对这个灵魂问题：把孩子培养成什么样的人。几十年前，我们学习知识是为了满足时代对工业化大生产人才的需求，但现在具体的知识信息唾手可得，因此信息处理能力变得比信息获取能力更重要。具体的技能随时可能因为行业技术迭代而过时，但善于学习新知、自我迭代的能力却永不过时。正是在这样的时代背景下，我们提出要培养孩子会学习的底层能力，又经过研究发现，大概念是达成这个培养目标的最佳工具，因此我们便极力主张和推崇“大概念学习法”。

第二，充分认识自己的孩子。从婴儿时期开始，每个孩子就显露出不一样的性格特质，随着孩子慢慢长大，他们所展现出来的禀赋也不尽相同。这些独特性决定了孩子适合走什么样的路，通过什么样的方式来实现自己的价值，在什么样的状态下更可能获得内心的充实和满足。同时，这些独特性也决定了孩子在哪些方面有值得挖掘的巨大潜力，在哪些方面的投入和培养是低效甚至无用的。

家长的焦虑情绪和攀比心，几乎都源于没有做到“知己”。这个“知己”，既包括了解自己的孩子，也包括了解家庭的资源状况：首先，了解孩子，知晓其在哪些方面具有优势，哪些方面的资质较为普通，从而适当引导和激发；其次，了解家庭的资源状况，知道家庭能为孩子提供什么，范围上限在哪里，这样才能对孩子的发展可能性有合理的预期，也不会因为家庭资源达不到而自责。对“孩子人才公司”的CEO

来说，各位家长在制定战略时，难的往往不是“要什么的愿力”，而是“不要什么的定力”。一些资源虽然很好，但是不一定适合自己的孩子，这时就要果断舍弃。

2. “抓大放小”盯执行

很多家长工作较忙，照看孩子的时间有限，而孩子需要跟盯的事项又太多，比如学业、兴趣、特长、身体等方方面面都想盯好，于是方方面面都有做不完的事情，这让家长们疲于奔命。这就好比一个公司，资金有限，但CEO想要每个业务都重点发展，加大投入，这显然不可能，由此各位家长就必须有这样的心理预期：不可能把孩子的方方面面都照顾到。家长可以根据战略来识别当前阶段最重要的两三个事项和一般重要的其他事项，对于重点事项，要花时间重点投入；对于一般事项，要有所舍弃，这就是所谓的“抓大放小”。这样做既能保证孩子的成长不会偏离轨道，又能使父母的心态保持稳定，精力处于可持续的状态中。

“抓大放小”还意味着找到做事情的杠杆——花同样的时间，产生更大效果的做事方法；抑或是达到同样的效果，能花更少时间和力气的方式。在下面的例子中，各位家长可以判断一下，哪种方式是找对了杠杆，效率更高呢？

在考前复习时，有的家长为孩子买了一本新的习题集，让孩子从头开始刷题；而有的家长平时就注意收集整理孩子作业、练习中的错题，考前把这些题目拿出来，让孩子再做一遍。

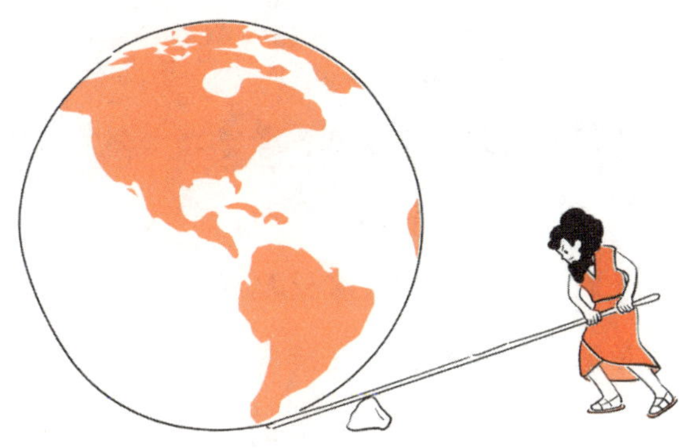

显然，挑选更容易出错的题目来练习，就是一种“抓大放小”的方式。

3. “长期视角”看结果

有了战略，盯了执行，接下来就是定期回顾结果，修正执行计划乃至战略、战术。比如，如何看待孩子某次考试成绩不佳？如何看待孩子落选学校足球队？如何看待孩子某次竞赛获奖？如何看待孩子考进了北大？……给父母CEO们的建议是：把一个结果、一次决策，拉长放到整个人生中去看，而不是放在当下看。

战略、战术和执行，是自上而下层层支撑的关系。在孩子的成长过程中，每个具体的执行问题都不是独立存在的，而是作为支撑某个更上层战术问题而存在的。同样，每个战术问题也是为了支撑更上层的战略而存在的。因此，对于孩子取得的某个结果，我们不应只聚焦于当下，而应把它放在更长的周期里去看。

所有的家长都期盼自己的孩子能在考试中取得好成绩。“孩子考得不好，全家愁云笼罩；考得好，全家兴高采烈”，这是当下很多家庭的普遍状态。然而，当我们以更高的视角来思考“在孩子的一生中，这次考试起到了什么作用”时，我们就会发现，考试分数本身的意义没有我们所想象的那么大——没有哪个成年人能记得自己某次考试得了多少分，也没有哪个成年人的人生因为某次考试考得好或差而受到了很大影响。

当我们以更高的视角来看待考试时，我们就会认识到，一个孩子从小学到初中再到高中，一共要学习12年，当然需要通过定期的考试来检测各阶段的学习情况。因此，考试最大的作用是为这一阶段的学习发现问题，为下一阶段的学习找到努力的方向。家长拿到孩子的试卷后，应和孩子一起分析讨论，找到这次考试暴露出来的问题。这可以分几个维度，比如，知识点维度，哪一块薄弱；能力维度，哪一项需要系统性的提升；学习习惯维度，有哪些需要改进。明确了问题，再针对下一阶段的学习确立提升的目标并制订具体的计划。这样一套流程下来，考试才真正起到了它的作用。而当家长真正做到了这些时，他们就不会再因为一个分数而坐上情绪的“过山车”大喜大悲了。

人生漫长，当中有诸多跌宕起伏。每一次成功或失败都只属于当下，很快就会过去，孩子又将要面临下一阶段的挑战。

用尽全力进了好的高中，还有高考要面对；即便是考上了清华大学、北京大学等知名学府，也不能就此“躺平”；进入社会后，还有工作、婚姻、健康等更为复杂的问题要面对。这样来看，人生就像一场马拉松，不是比谁开跑得更早，更不是比谁在某一段冲得更猛，而是比谁坚持得更长。因此，有长期视角的家长，都更关注孩子的动态趋势，而不是只关注静态结果。由此，我们需要做到以下几点：

首先，更关注孩子的相对变化，而不是绝对位置。仍以考试为例，对孩子来说更重要的是：这次考试暴露出来的不足，在下一次考试中明显有了改进；下一次考试暴露出来的不足，在下下次考试中又有了改进。把每一次考试连起来，孩子都处在一个稳步提升的趋势线上，这就是最好的。

其次，更关注在更长时间维度内持续重要的因素，而不是具体的静态结果。倘若只关注静态结果，我们就很容易在学习这场长跑中踩坑。比如，家长为了“不让孩子输在起跑线上”，要求孩子3岁就要有一定的识字量、学前刷完分级读物、三年级学完小学数学……仿佛一开始不拼尽全力，后面就没有机会了。显然，这类家长没有考虑孩子后续的整个学习生涯该如何持续并保持平衡。相比这些知识指标，在生活和学习中，家长有意识地、分阶段地帮助孩子养成一些良好习惯更为重要，对孩子的影响也更大。

总之，用战略视角来规划孩子的成长，也是大概念方法论的体现：抓住问题本质，解决关键问题。只有这样，家长才能做好“孩子人才公司”的CEO，从而为孩子指明正确的方向，并为孩子的未来积蓄力量。同时，“家长是孩子最好的老师”，通过家长言传身教，孩子也能习得这样的处事原则，从而将其运用于自己未来的生活和工作中。

附录

A P P E N D I X

数学中的大概念

英国查尔斯（Charles.R.I）教授在《中小学数学教学中的基础——大概念及其理解》中提出了21条数学大概念，现将其摘录至此，以供读者参考。

1. 数：实数集是无限的，每个实数都可以与数轴上唯一的点相对应。

2. 十进制计数法：十进制计数法是一种使用数字0～9十个基本数，用十进为一组和位值来记录数的方案。

3. 等量：任何数、度量、数值表达式、代数表达方式或方程可以进行量代换。

4. 比较：数、表达式和度量可以通过它们的相对值进行比较。

5. 运算意义与关系：相同的表达式（如12-4=8）可以与不同的现实情况相关联，不同的表达式可以与相同现实情况相关联。

6. 属性：对于给定的一组数，有一些关系总是正确的，这些是算术和代数运算中的规则。

7. 基本事实和算法：有理数运算的基本法则是使用等值原理让计算变得更简单。

8. 估算：数值计算可以通过用其他相近且易于心算的数字来代替进行近似计算。测量过程中，可以使用已知的参考值作为单位来近似测量。

9. 模式：数学情境中，以一种可预测的方式呈现的一些数或物体可以被归纳出规律和可描述的关系。

10. 变量：可以使用变量、表达式和方程抽象地转化、表征数学情境与结构。

11. 比例：如果两个量成正比例变化，则这种关系可表示为线性函数。

12. 关系和函数：使用数学规则(关系)，可以把一个集合中的元素对应于另一个集合中的元素。函数这个特殊的规则，让一个集合中的每个元素，在另一个集合中都有唯一的元素与之对应。

13. 方程和不等式：数和代数的规则可以与等式的概念一起用于转化方程和不等式，从而求解。

14. 形状和立体图形：有或没有曲面的二维和三维物体都

可以通过它们的特性来描述、分类和分析。

15. 方位和位置：空间中的物体可以有无数种方向，物体在空间中的面可以被定量描述。

16. 转换：空间中的物体可以用无数种方式进行转化，这些转化可以用数学方法描述和分析。

17. 度量：物体的某些属性是可测量的，可以使用单位量进行量化。

18. 数据收集：有些问题可以通过收集和分析数据来解答，所要解答的问题决定了需要收集哪些数据以及如何最好地收集数据。

19. 数据表征：可以使用表格、图表和图形可视化地表征数据。数据的类型决定了可视化表征的最佳选择。

20. 数据分布：有专门的测量方式来描述集合的集中和离散。

21. 概率：事件发生的概率可以用0到1之间的数来描述，并用于对其他事件进行预测。

科学中的大概念

《以大概念理念进行科学教育》列出的14条大概念

2009年10月，在英国罗蒙湖畔召开了一个为期两天半的国际研讨会。以英国科学教育家温·哈伦为首的来自全球各个国家的科学家、工程师和教育家聚集在一起，共同讨论学生在科学教育中应该接触的大概念，并最终形成了一份报告。报告的中文版《科学教育的原则和大概念》由韦钰院士翻译，于2011年出版。

在第一次研讨会召开5年之后，专家们于2014年9月再次聚集在一起，对5年前的报告进行了完善和修订。第二次会议成果的中文版《以大概念理念进行科学教育》依然由韦钰院士翻译，于2016年出版。

此处我们摘录了《以大概念理念进行科学教育》一书中总结的10条科学知识的大概念，以及4条属于科学本身的大概念，以供读者参考。

科学知识的大概念

1. 宇宙中所有的物质都是由很小的微粒构成的。

2. 物体可以对一定距离以外的物体产生作用。

3. 改变一个物体的运动状态需要有净力作用于其上。

4. 在宇宙中能量的总量是不变的，但是在某种事件发生的过程中，能量会从一种储存形式转化成另一种储存形式。

5. 地球的构造和它的大气圈以及在其中发生的过程，影响着地球表面的状况和气候。

6. 宇宙中存在着数量极大的星系，我们所在的太阳系只是其中一个星系——银河系中很小的一部分。

7. 生物体以细胞为基础构成，并具有一定的生命周期。

8. 生物需要能量和物质的供给，为此它们经常需要依赖于其他生物或与其他生物竞争。

9. 生物体的遗传信息会一代代地传递下去。

10. 生物的多样性、存活和灭绝都是进化的结果。

关于科学本身的大概念

11. 科学是在究其所以，或是发现自然现象的原因。

12. 科学上的解释、理论和模型都是在特定的时期内与可获得的实证最为吻合的。

13. 将科学研究中得到的知识运用于工程和技术，以创造服务于人类的产品。

14. 科学的运用常常会对伦理、社会、经济和政治产生影响。

《义务教育小学科学课程标准》列出的18条大概念

2017年，我国教育部印发《义务教育小学科学课程标准》，在课程内容部分明确小学科学课程包含物质科学、生命科学、地球和宇宙科学、技术与工程四个领域，并从这四个领域中选取了适合小学生学习的18条大概念，其中物质科学领域6条、生命科学领域6条、地球和宇宙科学领域3条、技术与工程领域3条。在此摘录这18条大概念，以供读者参考。

物质科学领域

1. 物体具有一定的特征，材料具有一定的性能。

2. 水是一种常见而重要的单一物质。

3. 空气是一种常见而重要的混合物质。

4. 物体的运动可以用位置、快慢和方向来描述。

5. 力作用于物体，可以改变物体的形状和运动状态。

6. 机械能、声、光、热、电、磁是能量的不同表现形式。

生命科学领域

7. 地球上生活着不同种类的生物。

8. 植物能适应环境，可制造和获取养分来维持自身的生存。

9. 动物能适应环境，通过获取植物和其他动物的养分来维持生存。

10. 人体由多个系统组成，分工配合，共同维持生命活动。

11. 植物和动物都能繁殖后代，使它们得以世代相传。

12. 动植物之间、动植物与环境之间存在着相互依存的关系。

地球和宇宙科学领域

13. 在太阳系中，地球、月球和其他星球有规律地运动着。

14. 地球上有大气、水、生物、土壤和岩石，地球内部有地壳、地幔和地核。

15. 地球是人类生存的家园。

技术与工程领域

16. 人们为了使生产和生活更加便利、快捷、舒适，创造了丰富多彩的人工世界。

17. 技术的核心是发明，是人们对自然的利用和改造。

18. 工程技术的关键是设计，工程是运用科学和技术进行设计、解决实际问题和制造产品的活动。

《普通高中生物学课程标准》列出的 10 条大概念

2017年底，我国教育部印发《普通高中课程方案和语文等学科课程标准（2017年版）》，提出“重视以学科大概念为核心，使课程内容结构化”，后于2020年进一步修订。在《普通高中生物学课程标准》（2017年版，2020年修订）的课程内容中，明确列出了10条生物学大概念，并在各大概念下细化了核心概念与次级概念。在此摘录这10条大概念，以供读者参考。

1. 细胞是生物体结构与生命活动的基本单位。

2. 细胞的生存需要能量和营养物质，并通过分裂实现增殖。

3. 遗传信息控制生物性状，并代代相传。

4. 生物的多样性和适应性是进化的结果。

5. 生命个体的结构与功能相适应，各结构协调统一共同完成复杂的生命活动，并通过一定的调节机制保持稳态。

6. 生态系统中的各种成分相互影响，共同实现系统的物质循环、能量流动和信息传递，生态系统通过自我调节保持相对稳定的状态。

7. 发酵工程利用微生物的特定功能规模化生产对人类有用的产品。

8. 细胞工程通过细胞水平上的操作，获得有用的生物体或其产品。

9. 基因工程赋予生物新的遗传特性。

10. 生物技术在造福人类社会的同时，也可能会带来安全与伦理问题。

参考文献

R E F E R E N C E S

[1] 中华人民共和国教育部. 关于全面深化课程改革 落实立德树人根本任务的意见[EB/OL]. 2014-04-18，www.moe.gov.cn/srcsite/A26/jcj_kcjcgh/201404/t20140408_167226.html.

[2] 核心素养课题组. 中国学生发展核心素养[J]. 中国教育学刊，2016（10）:1～3.

[3] 中华人民共和国教育部. 教育部关于印发《普通高中课程方案和语文等学科课程标准（2017年版）》的通知[EB/OL]. 2018-01-05，www.moe.gov.cn/srcsite/A26/s8001/201801/t20180115_324647.html.

[4]中华人民共和国教育部. 教育部关于印发《普通高中课程方案和语文等学科课程标准（2017年版，2020年修订）》的通知[EB/

OL]. 2020-05-11，www.moe.gov.cn/srcsite/A26/s8001/202006/t20200603_462199.html.

[5] 中华人民共和国教育部. 教育部关于印发《义务教育课程方案和课程标准（2022年版）》的通知[EB/OL]. 2022-04-08，www.moe.gov.cn/srcsite/A26/s8001/202204/t20220420_619921.html.

[6] 刘徽. 大概念教学：素养导向的单元整体设计[M]. 北京：教育科学出版社，2022.

[7] 杰罗姆 · 布鲁纳. 教育过程[M]. 邵瑞珍，译. 北京：文化教育出版社，1982.

[8] 格兰特 · 威金斯，杰伊 · 麦克泰格. 追求理解的教学设计（第二版）[M]. 闫寒冰，宋雪莲，赖平，译. 上海：华东师范大学出版社，2017.

[9] 温 · 哈伦. 以大概念理念进行科学教育[M]. 韦钰，译. 北京：科学普及出版社，2016.

[10] 徐洁. 基于大概念的教学设计优化[M]. 上海：华东师范大学出版社，2021.

[11] 张孝纯. “大语文教育”的基本特征——我的“语文教育观”[J]. 天津教育，1993（06）:34～35.

[12] 大卫 · 海勒. 思维地图：化信息为知识的可视化工具[M]. 周丽萍，译. 北京：化学工业出版社，2020.

[13] 沃尔特 · 鲍克，罗斯 · J.Q.欧文斯. 如何在大学学习[M]. 清浅，译. 天津：天津科技出版社，2020.

[14] 安德斯·艾利克森，罗伯特·普尔．刻意练习[M]．王正林，译．北京：机械工业出版社，2016.

[15] 洛林·W. 安德森 等．布卢姆教育目标分类学：分类学视野下的学与教及其测评[M]．蒋小平，张琴美，罗晶晶，译．北京：外语教学与研究出版社，2009.

[16] 夏雪梅．项目化学习设计：学习素养视角下的国际与本土实践[M]．北京：教育科学出版社，2018.

[17] 猿辅导教研中心．新趋势新考法全解全练[G]．沈阳：沈阳出版社，2022.

[18] 张丹，于国文．“观念统领”的单元教学：促进学生的理解与迁移[J]．课程·教材·教法，2020（05）:112～118.

图书在版编目（CIP）数据

学会学习 / 帅科，马旻，杨成慧著. —成都：天地出版社，2023.12（2024.2重印）
ISBN 978-7-5455-8022-8

Ⅰ. ①学… Ⅱ. ①帅… ②马… ③杨… Ⅲ. ①学习方法 Ⅳ. ①G791

中国版本图书馆CIP数据核字（2023）第204927号

XUEHUI XUEXI
学会学习

出品人 杨 政
作 者 帅 科 马 旻 杨成慧
责任编辑 张秋红 孙若琦
责任校对 曾孝莉
封面设计 东合社 · 安 宁
内文排版 挺有文化
责任印制 王学锋

出版发行 天地出版社
（成都市锦江区三色路238号 邮政编码：610023）
（北京市方庄芳群园3区3号 邮政编码：100078）
网 址 http://www.tiandiph.com
电子邮箱 tianditg@163.com
经 销 新华文轩出版传媒股份有限公司

印 刷 文畅阁印刷有限公司
版 次 2023年12月第1版
印 次 2024年2月第3次印刷
开 本 710mm×1000mm 1/16
印 张 16.5
字 数 177千字
定 价 59.00元
书 号 ISBN 978-7-5455-8022-8

咨询电话：（028）86361282（总编室）
购书热线：（010）67693207（营销中心）